やさしさの贈り物

日々に寄り添う言葉366

片柳弘史

教文館

はじめに

不安や恐れ、いら立ちなどによって心がかき乱されたとき、仕事や人間関係に疲れて心が動かなくなったとき、わたしは庭を散歩します。花壇の花を眺め、鳥のなき声に耳を傾けながら、ぼんやり時を過ごすのです。すると、心に変化が起こります。すさんでいた心が穏やかになり、「くよくよしても仕方がない」「よし、もうひと頑張り」と思える力が湧き上がってくるのです。すべてをやさしく受け止めてくれる花や鳥たちの命のぬくもりの中で、生きる力がよみがえる、と言ってもよいかもしれません。

花や鳥に限らず、神さまが造ったすべてのもの、愛から生まれたすべてのものには、わたしたちを包み込むやさしさがあります。言葉も例外ではありません。わたしたちの心に愛があり、愛から言葉が生まれてくるなら、その言葉は、どんなときでも必ずやさしいのです。やさしい言葉の記されたページをめくり、言葉の庭をゆっくり散歩するなら、そのことによってもわたしたちの心は癒されてゆくでしょう。

この本は、みなさんにそんな体験をしてほしいと願って編まれました。この本に収められたすべての言葉は、苦しみを背負って生きる人たちを何とか力づけたい。支えあいながら困難を乗り越えてゆきたいと願う、わたしの心から生まれたものです。その中に、やさしさが宿っていることを切に望みます。この本を通して、みなさんの心に癒しと慰めの恵みが注がれますように。

※記憶の深くにどなたかの言葉があって、それが浮かび上がってきた場合があるかもしれません。その場合はどうかご容赦ください。

1月

1月1日

誰もが最高傑作

誰もが、世界でたった一人、
自分だけにしかないよさを持った
神さまの最高傑作。
もし「わたしなんかつまらない人間だ」
と思っているなら、それは
自分のよさにまだ気づいていないだけ。
自分が自分であることに、
誇りを持って生きられますように。

奇跡的な存在

成人の血管を、毛細血管まで含めてつなぐと、
なんと十万キロ、
地球二周半の長さだそうです。
それだけの血管が、
体中に網の目のように張り巡らされ、
酸素や栄養を隅々まで
届けることで生かされている。
わたしたちは、誰もが奇跡的な存在なのです。

1月2日

1月3日

美しさは同じ

たくさんの人に
注目されて咲く花も、
人目につかずひっそりと咲く花も、
美しさに変わりはありません。
目立たないことを嘆くより、
いまここに自分が
生きていること自体を喜び、
よりいっそう美しい花を
咲かせられますように。

時間配分

人生の時間は、
それほど長くありません。
あまり欲しくないものを
手に入れるのに時間を使ってしまえば、
一番欲しいものを手に入れるための
時間がなくなります。
何が一番欲しいのか、
最も必要なものは何なのか、
始めによく見極めましょう。

1月4日

1月5日

願うべきこと

満たされる人は、
わずかなもので満たされますが、
満たされない人は、
たとえ全世界を手に入れても
満たされることがありません。
何か一つだけ神さまに願うとすれば、
ほんのわずかなもので満たされる、
謙虚な心を願いましょう。

無理のない計画

気になることがあると、
時間があっても、落ち着いて何かに
取り組むことができません。
たくさんのことができると思っても、
実際にはあまりできずに時間が過ぎ、
いら立ちが募るのです。
無理な計画を立てず、
できることから始めましょう。

1月6日

1月7日

本当に強いのは

怒りや憎しみ、傲慢は、
大きな力で相手を打ち砕きますが、
歯止めが利かないために自滅します。
ゆるしやいたわり、謙虚さは、
大きなぬくもりですべてを包み込み、
どこまでも成長してゆきます。
本当に強いのは、
ゆるしやいたわり、謙虚さなのです。

よい香り

謙虚さは、よい香りとなって
周りの人をよい気持ちにします。
傲慢は、嫌なにおいとなって
周りの人を不愉快にします。
外見をどんなにきれいにしても、
ひどいにおいがすれば台無し。
心を清め、いつもよい香りを
漂わせることができますように。

1月8日

心の隠れ家

疲れ果てたときのために、
心の奥深くに
隠れ家を作っておきましょう。
仕事のストレスや他人の言葉、
嫌味や悪口、お世辞などが
追いかけて来られない場所、
ただ愛するものだけと
一緒に過ごせる場所が心の中にあれば、
つらい日々でも耐えられるでしょう。

1月9日

素直な人

相手の気持ちを考えず、
思ったことをそのまま口にする人を、
「素直な人」とは言いません。
素直とは、心が穏やかで、まっすぐなこと。
間違いに気づいても相手を厳しく責めず、
自分の間違いはすぐに認めて謝れる。
それが、本当の素直さです。

1月10日

1月11日

声なき声

声高に語られる批判的な意見は、
心に大きく響きますが、
言っている人の数は多くありません。
声の大きさに惑わされず、
静かに応援してくれる人たちのことを
思い出しましょう。
声にならないたくさんの声を、
心で感じ取りましょう。

愛は湧き上がる

頑張って誰かを愛そうと思っても、
自分の力で愛を造りだすことはできません。
愛とは、誰かと出会ったとき、
心の底から自然に湧き上がってくるもの。
わたしたちは、
誰かを「愛する」というより、
むしろ「愛さずにいられなくなる」のです。

1月12日

夢中になる

心配事に押しつぶされそうなときは、
すべてを忘れて
好きなことに熱中しましょう。
夢中になって自然を観察したり、
本を読んだりしているうちに、
心に力が戻ってきます。
力さえ戻れば、もう心配事に
押しつぶされることはありません。

1月13日

自分が決める

周りの人からは無意味に見えても、
自分がやりたいことをしているなら、
本人にとってはそれが意味のある時間。
自分がやりたいことをして生きるなら、
それが意味のある人生。
誰かの人生に意味があるかどうか、
それは本人が決めることです。

1月14日

もう知っている

幸せへの道を、
わたしたちはもう知っています。
だから、道を外れようとするとき
「これ以上かかわるのはよくない」
と感じるのです。
幸せへの道を、
改めて探す必要はありません。
よくないとわかっていることをしない。
それだけでよいのです。

1月15日

自然な姿

自分は汚れていると思えば、
自分の目に映るすべてのものも
汚れて見えるでしょう。
たとえ汚れていたとしても、
それが人間として自然な姿であり、
それはそれで美しいのだと思えれば、
目に映るすべてのものも
美しく見えるはずです。

1月16日

足場と出発点

地上のすべてが崩れても、
決して崩れないものが
一つだけあるとすれば、それは
人と人とのあいだに生まれた真実の愛。
大きな試練の中にあっては、
その愛こそが
踏みとどまるための足場であり、
新しい一歩を
踏み出すための出発点なのです。

1月17日

正しさとは

規則を守るのは正しいこと。
でも、「自分は規則を守っているから正しい、
あの人は守らないから間違っている」
と決めつけ、相手を責めるのは、
正しい態度ではありません。
正しさは、人を切り捨てるためではなく、
苦しみから救い出すためにあるのです。

1月18日

自分との和解

どんなに高く登っても、
幸せにはたどり着けません。
上にはさらに上があり、
どこまでもきりがないからです。
幸せを目指すなら、
低いところに下りましょう。
自分の弱さを受け入れ、
あるがままの自分と和解できたなら、
そのとき心は満たされるでしょう。

1月19日

やさしさの贈り物

心にないことを語っても、
相手の心には何も届きません。
心を満たしたやさしさを、
言葉に乗せて届けられますように。
思いやりやいたわりが
たくさん詰まったやさしさの贈り物を、
聞く人の心に届けられますように。

1月20日

何ができるか

「どうしたら自分の命を守れるか」
だけを考えていると、
かえって生きる力を失います。
「どうしたら愛する人の命を守れるか、
苦しむ人をこれ以上増やさないために
何ができるか」と考えれば、
日々の生活に
生きがいを見つけられるでしょう。

1月21日

見守り続ける

どんなに手を差し伸べても、
相手に立ち上がるつもりがないなら、
立ち上がらせることはできません。
手を差し伸べるなら、
相手が立ち上がる気になったとき。
大切なのは、そのときを逃さないために、
近くから見守り続けることです。

1月22日

1月23日

力をとっておく

先のことを心配していると、
実際に起こっていないことのために
心が消耗してしまいます。
起こっていないこと、
起こらないかもしれないことのために
疲れ果てるほど、
無駄なことはありません。
何かが起こるまで、
その力をとっておきましょう。

1月24日

心への旅

遠い国を目指して旅立つ人はいても、
心の奥深くを目指して
旅立つ人はあまりいません。
ですが、本当に大切なものが
隠されているのは、
わたしたちの心の奥深く。
執着を手放して心の深みに立つとき、
わたしたちはそこで、
人生の意味と出会うのです。

祈りは愛

愛する誰かが苦しんでいるのに、
自分には何も
してあげられることがない。
そんなとき、わたしたちは
その人のために祈ります。
誰かのために祈るとは、
祈らずにはいられないほど、
その人を愛しているということなのです。

1月25日

幸運の落とし穴

不運より、幸運によって
滅びる人が多いというのは、
必ずしも嘘ではありません。
不運に見舞われたとき、
わたしたちは苦しみの中で
謙虚さや思いやりを学びますが、
幸運に恵まれたときには、
有頂天になって思い上がり、
傲慢に陥ってしまいがちだからです。

1月26日

心が話す

本当によいアイディアは、
あれこれ考えているときより、
ぼーっとしているとき湧いてきます。
それは、頭が考えるのをやめるとき、
心が話し始めるから。
頭で考えて答えが見つからないなら、
しばらくぼーっとして、
心の声に耳を傾けてみましょう。

1月27日

一緒に泣く

「神がいるなら、
なぜこんなひどいことが起こるんだ」
と言って泣く人に、
神の存在について弁明しても、
何の慰めにもなりません。
わたしたちにできるのは、
「なぜこんなことを神がゆるすのか、
わたしにも分かりません」と言って、
一緒に泣くことだけです。

1月28日

1月29日

よい面も見る

トラブルが起こったとき、

「なぜ、こんなことになったんだ」

と考えず、

「このくらいで済んでよかった」

と考えられる人は、
不幸さえ幸せに変えられる人。

悪い面だけでなく、
よい面も見る癖をつけましょう。

幸せに生きることを癖にしましょう。

送り出す

「死なないで」とすがりつかれては、
安心して天国にゆくことができません。
地上での使命を果たし終え、
天国に召されてゆく人は、
「先に行って待っててね」
と言って送り出してあげましょう。
いまはつらくても、
必ずまた会える日が来るのです。

1月30日

ゆるすために

「ゆるしてあげよう」と、
わざわざ言う必要はありません。
何事もなかったかのように語りかけ、
ほほ笑みを交わせばよいのです。
それだけで、
相手は自分がゆるされ、
受け入れられたことに気づくでしょう。

1月31日

2
月

幸せの扉

幸せになりたいなら、
「どうしたら幸せになれるか」ではなく、
「どうしたら誰かを幸せにできるか」
と考えましょう。
幸せの扉は、自分のために
開けようとしても開きません。
幸せの扉は、誰かのために
開けようとしたとき開くものなのです。

2月1日

自分の反映

目の前に誰がいるかによって、
人が見せる顔は変化します。
厳しい人がいれば緊張した顔、
やさしい人がいればリラックスした顔、
好きな人がいればうれしそうな顔。
わたしたちが見ているのは、
相手というより、
相手に映った自分なのかもしれません。

2月2日

2月3日

資格はいらない

「お前なんかに、
そんなことをする資格はない」と言って、
悪魔はやる気をくじこうとします。
よいことをするのに資格などいりません。
誰がしても、よいことはよいこと。
ためらわず、
自分がすべきことをしましょう。

信頼関係を深める

「この人が言うなら、
本当にそうなのかもしれない」
と思えたとき、
人間の心は変わり始めます。
人間の心を動かすのは、言葉というより、
言葉に込められたその人の誠実さや真心。
あわてずに、まず相手との
信頼関係を深めることから始めましょう。

2月4日

2月5日

簡単な法則

世間から評価されても、
偉そうな態度を取れば、
身近な人から嫌われます。
世間から評価されなくても、
謙虚な態度で奉仕する人は、
身近な人から愛されます。
この簡単な法則さえ忘れなければ、
幸せへの道を踏み外すことはないでしょう。

錨《いかり》を下ろす

すさまじい勢いで流れてくる
情報に押し流されないためには、
心の奥深くにしっかり
錨を下ろしておく必要があります。
静かに自分と向かいあい、
地上のすべてが変わっても、
決して変わることのない
自分自身を見つけられますように。

2月6日

2月7日

心のサイン

「疲れた」とあえて口に出すのは、
「もう限界に近づいている。
誰かにいたわってほしい」というサイン。
「この人なら、もしかしたら
いたわってくれるかもしれない」
と思うからこそ発する言葉。
その信頼に応えてあげましょう。

新しい気づき

同じ本なのに、しばらくたって
読み返すと新しい発見があるのは、
わたしたち自身が成長しているから。
いまはつまらないと思う本でも、
何年かたって読めば
素晴らしさに気づくかもしれません。
人との出会いにも、
きっと同じことが言えるでしょう。

2月8日

オリジナル

わたしたちは誰もが、
世界にたった一人のオリジナル。
人の真似をして、
誰かのコピーになる必要はありません。
自分のよさを磨き上げ、
世界にたった一人、
自分にしかない輝きを放つ。
それだけを目指せばよいのです。

2月9日

言葉の結晶

海水を注ぎ足しては煮つめ、
注ぎ足しては煮つめを繰り返すうちに、
釜の底に塩の結晶が蓄積されてゆきます。
同じように、水っぽい言葉を
注ぎ足しては煮つめ、
注ぎ足しては煮つめを繰り返すうちに、
心の底に真実の言葉が結晶してゆきます。

2月10日

人間同士

お互い弱い人間同士。
欠点や足りないところを批判しあい、
傷つけあっても仕方がありません。
お互いのよいところを見つけあい、
足りないところを補いあい、
ともに支えあいながら生きてゆく。
それだけが幸せへと続く道です。

2月11日

過去への評価

過去は変えられませんが、
過去への評価は変えられます。
「あのせいでこんなことになった」
と思っている限り、
その過去に価値はありません。
「あれがあったからこそ今がある」
と思えるようになったなら、
そのとき、過去は限りない価値を持ちます。

2月12日

人生の意味

「もうだめだ」と思うとき、
前提になっているのは
「これができなければ、これを失えば、
自分の人生には意味がない」
という思い込み。
たとえすべてを失っても、
生きているだけで人生には意味があります。
だめなことなど何もありません。

2月13日

愛の表現

愛を伝えるための方法は、
言葉だけではありません。
愛を込めて掃除をすれば、
部屋全体を愛で満たし、
愛を込めて洗濯すれば、
相手を愛で包み込み、
愛を込めて調理すれば、
愛で相手を生かすことができるのです。

2月14日

緊張の糸

気持ちが張りつめているときは、
休まなくても疲れを感じず、
普段の何倍も働くことができます。
ですがそれは、
これまで蓄えた力を
すべて出し切ったということ。
緊張の糸が切れたときには、
動けなくなるのが当たり前です。
あせらず、ゆっくり回復を待ちましょう。

2月15日

愛の力

愛だけが、悪に打ち勝つ唯一の力。
ところが悪を恐れると、
自分を守ることしか考えられなくなり、
人を愛することが
できなくなってしまいます。
恐れさせ、わたしたちを分断して
力を奪おうとする悪の作戦に乗らず、
愛の力で悪に立ち向かえますように。

2月16日

人生を知る

人と出会えば出会うほど、
それぞれにまったく違った、
味わい深い人生があることが分かります。
人生を知るとは、
人生の正解にたどり着くことではなく、
人間の生き方は人それぞれであり、
たった一つの正解など
ないと気づくということなのです。

2月17日

気づいて感謝する

愛されるために必要なのは、
自分が愛されていると気づくこと。
愛されるのを当たり前と思わず、
相手に心から感謝すること。
愛に満たされた人とは、
ほんの小さな愛にも気づき、
感謝して受け止められる人のことです。

2月18日

何を学ぶか

転んだことを人のせいにしたり、
自分を責めたりするだけでは、
何も始まりません。
大切なのは、
転んだことから何を学ぶか、
どう立ち上がって、次に何をするかです。
過去に縛られず、いつも前を見て
進んでゆくことができますように。

2月19日

当然のように

人からしてもらったことは決して忘れず、
他の誰かが困っていれば
自分も同じように
助けの手を差し伸べる。
人にしてあげたことはすぐに忘れ、
相手が感謝してくれなくても
決して責めない。
それを、当然と思える人になれますように。

2月20日

隠された宝物

遠くまで出かけ、
まだ誰も見たことがないものを
見つけ出して人を驚かせることは、
ある意味でそれほど難しくありません。
もっと難しいのは、
身近にあるものの中から、
誰も気づいていない大切なもの、
隠された宝物を見つけ出すことです。

2月21日

豊かな人間関係

思い上がった人は、
自分以外の人間は誰も
似たり寄ったりだと考えますが、
謙虚な人は、相手の中に
自分にはない素晴らしさを
見つけることができます。
その人と出会えたことを心から喜び、
豊かな人間関係を作り出せるのです。

2月22日

2月23日

愛する人たちの顔

「自分はだいじょうぶ」
確かにそうかもしれません。
でも、身の回りの人はどうでしょう。
愛する人たちが自分のせいで
ひどく苦しむことになっても、
まだ「だいじょうぶ」と言えるでしょうか。
まず、愛する人たちの顔を
思い浮かべてから行動しましょう。

幸せに気づく

花に感動する心を持つ人は、
公園で美しい花と出会ったら、
心を震わせ、
その日を特別な日と思うでしょう。
花に興味がない人は、
同じ花を見ても気づかず、
「今日もつまらない日だった」
と言うかもしれません。
幸せとは、そのようなものです。

2月24日

一分後さえ

普段はすっかり忘れていますが、
人間には、
先のことがまったく分かりません。
明日が当然くるとは限らないし、
一分後に起こることさえ
わたしたちには分からないのです。
お互い弱い人間同士、助けあい、
支えあって生きてゆけますように。

2月25日

愛の祝日

合格祝いや就職祝いなど、
お祝いは誰かが何かを
成し遂げたときするものですが、
誕生日は例外。
誕生日に祝うのは、ただその人が
生まれてきてくれたことだけ。
誕生日は、その人の存在そのものを喜ぶ、
純粋な愛の祝日なのです。

2月26日

ただ聞くだけ

自分の胸に収めきれないほど苦しいこと、
つらいことがあったとき、
わたしたちはそれを、
親しい誰かに聞いてほしいと願います。
そんな話に対して、
批評や反論は必要ありません。
ただしっかりと聞き、
苦しさやつらさを
受け止めるだけでよいのです。

2月27日

打ち明ける

隠しごとをするのは、

「もし知られたら、嫌われるかもしれない」

と疑っているから。

隠そうとするのは、

「わたしはあなたの愛を信じられない」

というメッセージ。

打ち明けるのは、

「わたしはあなたの愛を信じている」

というメッセージです。

2月28日

距離をおく

神さまは、わたしたちが
愛しあうことを望んでおられますが、
愛しあう二人が
共倒れになることは望んでいません。
すべてを抱え込んで共倒れになるくらいなら、
少し距離をおいて、
二人とも幸せになれる道を探しましょう。

2月29日

3
月

尊敬の念

互いへの尊敬こそ、
健全な人間関係の土台。
たった一つでも、
心から尊敬できるものを
相手の中に見つけられたなら、
その人との関係は長続きします。
他に欠点がたくさんあったとしても、
尊敬の念が乗り越えさせてくれるのです。

3月1日

天国の子どもたち

神さまは、天国に召された子どもたちを
「もう怖がらなくていいよ。
これからは、わたしがずっと一緒だ」と、
しっかり抱きしめてくださる方。
どんな傷も、神さまが触れれば
一瞬のうちに癒されます。
その大きな愛に心を合わせ、
子どもたちのために祈りましょう。

3月2日

必要なもの

幸せになるために必要なのは、
たくさんのものを手に入れることより、
むしろ心を豊かに満たしてくれるものを
たった一つ手に入れること。
たくさんの人と知りあうことより、
あるがままの自分を受け入れてくれる人を
たった一人見つけることです。

3月3日

笑顔の深さ

たくさんの悲しみを背負いながら、
それでも希望を捨てないで
ほほ笑む人の笑顔には、
心の奥までしみ込んで、
相手を励ます力があります。
笑顔に深さがあるならば、
それはきっと、その人が背負った
悲しみの大きさに比例するのでしょう。

3月4日

自分らしい成長

のびのびと自分らしく成長できるのは、
競争しなくてもよいと知っている人。
「自分には自分のよさがあり、
相手には相手のよさがある。
競いあう理由など何もない」
その確信が、
自分らしい成長を可能にするのです。

3月5日

愛で包み込む

心が愛で満たされているときは、
嫌なことを言われても、
「こんなことを言うなんて、
何かつらいことがあったのだろうか」
と考えて、相手の悪意を
愛で包み込むことができます。
愛で満たされた心には、
どんな悪意も入り込むことができません。

3月6日

3月7日

いますべきこと

将来が見通せず、
いま何をしてよいか
分からなくなったときは、
いま自分の身の回りで
起こっていることに目を向けましょう。
いまどれだけたくさんの人が苦しみ、
助けを求めているかに気づけば、
いますべきことが分かるでしょう。

一緒にいるために

家族や友だちの言動に
「もう我慢できない」と思ったときは、
「この人と一緒にいられるのは、
わがままなわたしを、この人がこれまで
見捨てずにいてくれたからかもしれない」
と考えてみましょう。
一緒にいられるのは、
決して当たり前ではないのです。

3月8日

心の声

テレビやスマホからの声を
聞くのに忙しくて、
自分の心の声を聞く暇がないわたしたち。
ときには、沈黙の中で、
自分の心の声に耳を傾けてみましょう。
自分が何を望んでいるのか知らなければ、
望み通りに生きて
幸せになることもできません。

3月9日

自分だけができる

「自分にしかできないことを見つける」
とは、特別な才能を探す
ということではありません。
例えば、誰か困っている人がいて、
その人を助けられるのが自分だけなら、
その人を助けることこそが、
自分にしかできないこと。
大きく考えず、いまこの状況の中で、
自分だけにできることを探しましょう。

3月10日

涙の中で

受け入れがたい現実を直視し、
何とか受け入れようとするとき、
悲しみの涙がこぼれます。
その涙がなければ、わたしたちの心は
痛みに耐えきれないでしょう。
悲しみの涙の中で、わたしたちは
新しい自分に生まれ変わるのです。

3月11日

幸せの芽

悲しみが心を耕すとき、
砕かれて柔らかくなった心の畑に、
小さな幸せが芽を出します。
何があっても押しつぶされない、
愛や希望、信頼の芽です。
その芽を大きく育てられますように。

3月12日

弱さを知る人

自分の力では
どうにもならない試練に直面し、
苦しみを味わった人は、
人間の弱さ、命のはかなさを
痛いほどよく知っている人。
人間の弱さ、命のはかなさを知っている人は、
誰かが苦しんでいるとき、
助けの手を差し伸べずにいられない人です。

3月13日

お金の使い方

余分な買い物をしたくなったら、
「このお金を、自分だけでなく
みんなを喜ばせることに
使ったらどうだろう」
と想像しましょう。
家族や友人、被災地の高齢者の
喜ぶ顔を思い浮かべれば、
どちらが自分を本当に幸せにする
お金の使い方か分かるでしょう。

3月14日

本音が分かれば

「あの人は目立ちたがり屋だ」

と悪口を言う人の本音は、

「わたしも目立ちたい」ということ。

「あの人は怠けている」

と悪口を言う人の本音は、

「わたしだって怠けたい」ということ。

本音が分かれば、
いちいち腹を立てる必要がない
ということも分かるでしょう。

3月15日

確かな基準

何が損で、何が得かは、
人生の最後まで分かりません。
損得を判断するわたしたちの心は、
最後の瞬間まで変わり続けるからです。
利害損得に左右されないもの、
何があっても変わらない無私の愛こそ、
最も確かな判断の基準です。

3月16日

賢明な態度

どんなにたくさん知識があっても、
まるで何でも
知っているかのような態度で話すなら、
それは愚かなふるまいです。
たとえわずかな知識しかなくても、
そのことをわきまえ
謙虚な態度で話すなら、
それは賢明な態度と言えるでしょう。

3月17日

自由になる

人をゆるすとは、
怒りと憎しみの闇から
解放されるということ。
自分をゆるすとは、
絶望という立ちの闇から
解放されるということ。
人をゆるし、自分をゆるすことで、
愛の光に包まれた、
本当の自由に到達できますように。

3月18日

気持ちを捧げる

無理な我慢は、
心に蓄積されていら立ちを生み、
いつか爆発するかもしれません。
我慢するより、むしろ捧げましょう。
「これをしたい気持ちを、
大切なあの人のために捧げます」
と祈るなら、
捧げた気持ちは愛となり、
心を豊かにしてくれます。

3月19日

最高の愛情表現

自分なりに精いっぱい頑張って
成し遂げたことを、
誰かが気づいてほめてくれたとき、
わたしたちは
「この人は、わたしをよく見ていてくれる。
わたしのことを本当にわかっていてくれる」
と感じます。そんなほめ言葉は、
最高の愛情表現でもあるのです。

3月20日

感動する心

自分自身の弱さ、
命のはかなさに気づくとき、
道端に咲く小さな花の美しさや、
雨風に耐える鳥たちの
健気な姿に感動する心が生まれます。
小さく、はかなく、それでも
精いっぱいに生きようとするものを、
愛しく感じるようになるのです。

3月21日

心の使い方

切り捨てたり、
壊したりするために使うと、
心はすり減り、すさんでゆきます。
感動したり、新しいものを
生み出したりするために使うと、
心は磨かれ、豊かになってゆきます。
自分で自分を滅ぼさないために、
心の正しい使い方を覚えましょう。

3月22日

愛の記憶

授業で何を教わったかは忘れても、
つらいときに
先生がかけてくれたやさしい言葉は、
いつまでも忘れません。
時間を越えて最後まで残るのは愛。
わたしたちが
子どもに残してあげられるのは、
ただ愛の記憶だけなのです。

3月23日

むきにならない

悪口を言われても、
まったく見当はずれのことなら
好きに言わせておきましょう。
もし思い当たることがあるなら、
どうしたらそれを直せるか考えましょう。
むきになって反論しても相手を喜ばせるだけ。
だいじょうぶ、神さまはすべてをご存じです。

3月24日

3月25日

言葉にすべきこと

いら立ちや恐れに取りつかれているとき、
わたしたちは、心に浮かんだ言葉を
手あたり次第相手にぶつけてしまいます。
口を開く前に感情を静めましょう。
心の表面にある感情ではなく、
心の奥深くから湧き上がる
やさしさやぬくもりを言葉にしましょう。

特別な日

何の変化もなく、
だらだらと時間が過ぎてゆく。
そう感じたときは、
何か小さなお祝いをしましょう。
うぐいすの鳴き声を聞いた、
つくしが顔を出した、桜が開花した、
そんな小さなことを祝うだけで、
その日は特別な日に変わります。

3月26日

3月27日

ともに生きる

自分の意見を無理に通しても、
一人では何もできません。
意見が対立したとき
真っ先に考えるべきなのは、
「どうやって
自分の意見を通すか」ではなく、
「自分と違う意見を持った相手と、
どうやってともに生きてゆくか」です。

愛の深さ

「この人がいなくなったら、
自分はどれだけさびしいだろうか」
と想像するとき、
わたしたちは、自分がその人を
どれだけ愛しているかに気づきます。
愛の深さに気づいたなら、
たいがいのことは我慢し、
受け入れられるようになるでしょう。

3月28日

すべてに感謝

今日は元気でも、明日は
病に倒れるかもしれないわたしたち。
何ひとつ当然のことはありません。
家族と一緒にいられること、
食事をおいしく食べられること、
自分の足で歩けること、
すべてに感謝して、
一日一日を大切に生きられますように。

3月29日

大きな心で

子どもは、親への不満だけでなく、
自分を取り巻く社会への怒りも
親にぶつけることがあります。
子どもにとって親は、
一番身近なところにいる
社会の代表者だからです。
すべて自分の落ち度と考えず、
大きな心で
子どもを包んであげられますように。

3月30日

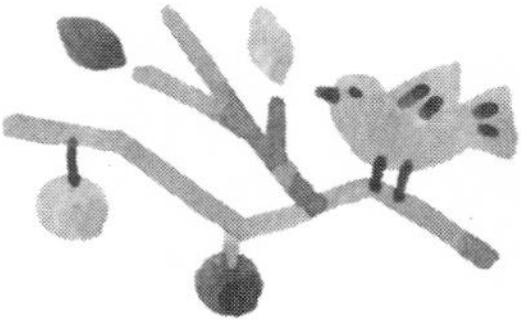

祈りの力

祈っても、苦しみがなくなったり、
病気がよくなったりすることは
ないかもしれません。
ですが、わたしたちが
その人のために絶えず祈っている。
祈らずにいられないほど
その人を愛しているという事実は、
確かにその人を支えるでしょう。

3
月
31
日

4
月

幸せになる力

幸せな人とは、
見つける力、驚く力、
感動を人と分かちあう力、
与えられた恵みに感謝する力を
持っている人のこと。
特別なものは必要ありません。
誰にでもあるそれらの力を磨くだけで、
わたしたちは幸せになれるのです。

4月1日

メッセージ

この世界に生まれて来るすべての命は、
神さまからのメッセージ。
命を消し去ることは、
送られてきたメッセージを
読まずに破り捨てるようなもの。
すべての命の前に謙虚にひざまずき、
神さまからのメッセージを
正しく読み解くことができますように。

4月2日

小さなことから

理想に燃えて幼稚園を始めた園長先生。
ところが誰もついてきてくれません。
毎日三十分早く園に行き、
きれいに掃除して
みんなを迎えるようにしたら、
一年で園がすっかり変わったそうです。
大きなことを目指すなら、
小さなことから始めましょう。

4月3日

やさしい人

「偉い人ってどんな人」
と幼稚園の子どもに聞いたら、
「やさしい人」とすぐ答えが返ってきました。
クラスで一番偉いのは、
クラスのみんなにやさしくできる人。
世界で一番偉いのは、
世界のみんなにやさしくできる人。
そう思える心を取り戻せますように。

4月4日

大切な人のために

つらくて挫《くじ》けそうなときでも、
大切な誰かの顔を思い浮かべると、
心の底から力が湧き上がってきます。
「あの人を守りたい」
「あの人の喜ぶ顔を見たい」
その思いが、
あらゆる困難を乗り越える力を
わたしたちに与えてくれるのです。

4月5日

自立する

誰にも頼らず、
一人で生きられる人はいません。
「自立する」とは、
誰かのお世話にならなければ
生きられないことに気づき、
感謝できるようになること。
誰かに支えられながら、
他の誰かを
支えられるようになることです。

4月6日

茶碗の価値

素人の目にはただの茶碗でも、
専門家が見ると
高価な名品だと分かることがあります。
わたしたち人間も、きっとそれと同じ。
自分ではつまらない人間だと思っても、
神さまの目には
一人ひとりが世界で一つだけの名品、
限りない価値を秘めた尊い命なのです。

4月7日

愛の器

湯のみ茶碗が
お湯を飲むとき
その価値を最も発揮するように、
器の価値は、
目的通り使われたとき発揮されます。
人間の心は、愛を受け止めて蓄え、
周りの人たちの心に注ぐための器。
目的通りに使い、
その価値を発揮できますように。

4月8日

体で理解する

本を読み、泳ぐとはどういうことか
頭で理解しても、それだけで
泳げるようにはなりません。
水の中でもがきながら、
体で理解したとき、
初めて泳げるようになるのです。
人生もそれと同じ。
実際に生きながら、
体で理解する以外ないのです。

4月9日

未来の自分

誰でもみんな、
最後は体が動かなくなり、
何もできなくなります。
「あの人は社会の役に立たないから
生きている価値がない」
と言って誰かを否定するのは、
未来の自分を否定するのと同じこと。
未来の自分に、
やさしい言葉をかけられますように。

4月10日

4月11日

まず選ぶ

「これを守りたいが、
あちらも守らなければ」
と迷っていると、
結局どちらも守れなくなります。
限られた力で何かを守りたいなら、
まずはしっかり選ぶこと。
本当に大切なものを見極め、
本当に守るべきものを守れますように。

原因を見つける

子どもが言うことを聞かないときは、
「なんで言うことを聞かないの」と
繰り返し子どもを責めるより、
言うことを聞けない原因を
こちらが見つけ出し、
それを取り除くのが効果的。
大人の場合も、
きっと同じことが言えるでしょう。

4月12日

奇跡を起こす

ありえないことが起こるのが
奇跡だとすれば、
奇跡を起こすことは
わたしたちにもできます。
例えば、初めて会った人なのに、
昔からの友だちのように
真剣に自分の悩みを聞いてくれた。
それは一つの奇跡と言ってよいでしょう。

4月13日

4月14日

別の道を探す

「神さまは、
乗り越えられない試練を与えない」
と言いますが、もしどんなに頑張っても
乗り越えられない試練なら、
それは神さまが与えた
試練ではないのかもしれません。
そんなときは、
無理に乗り越えようとせず、
別の道を探すのがよいでしょう。

会えてうれしい

「どうせ死ぬのに、
なぜ生まれてきたんだろう」
と言う人には、
「あなたが生まれてこなければ、
わたしはあなたに会えなかった。
わたしはあなたに会えてうれしい。
あなたが生まれてくれて本当によかった」
と言ってあげるのがよいでしょう。

4月15日

一番の対応策

先のことが不安で夜も眠れない。
そんなことでは体力が落ち、
判断力も鈍って、
ますます状況を悪化させてしまいます。
どうにもならないことは
神さまの手にゆだね、
自分が今できることを精いっぱいやる。
どんな場合も、 それが一番の対応策です。

4月16日

分け隔てなく

「自分はだめな人間だ」と思い込んだ人は、
劣等感によって
周りの人たちとのあいだに壁を作り、
「自分は優秀な人間だ」と思い込んだ人は、
優越感によって壁を作ります。
ですが、わたしたちの幸せは、
分け隔てない交わりの中にこそあるのです。

4月17日

自分の幸せ

幸せそうな人の真似をしても、
それで幸せになれるとは限りません。
大切なのは、
その人にはその人に
ふさわしいものがあり、
自分には自分に
ふさわしいものがあると気づくこと。
他人は気にせず、自分にとって
本当に必要なものを見つけましょう。

4月18日

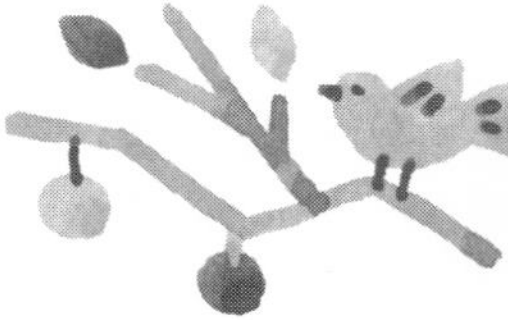

変化を受け入れる

社会の変化に
ついてゆけなくなったとき、
簡単なのは新しいものを否定すること。
ですが、現実を否定すれば、
わたしたちも
現実から否定されてしまうでしょう。
謙虚な心で新しいものを受け入れ、
成長してゆくことができますように。

4月19日

本当の思い

愛に不安を感じたとき、
子どもは、親の愛を試そうとして
悪いことをする場合があります。
悪いことをするのは、
「もっとわたしを見て、わたしを愛して」
というメッセージなのです。
感情的に反応せず、行動に込められた
本当の思いを受け止められますように。

4月20日

4月21日

相手の立場

「そんなことまで
心配するなんておかしい」と思うなら、
相手の立場に身を置いて考えましょう。
健康状態や家族構成、
社会で果たす役割などによって、
心配ごとはまったく違ってくるのです。
誰もが安心して生きられる
社会を作れますように。

愛を生きる

愛は、理解するものではなく
生きるもの。
愛は、出会いを通して心に宿り、
わたしたちを突き動かすもの。
愛に満たされ、
愛に動かされているときにだけ、
わたしたちは愛を知っています。
愛は、人間の理解を越えた
一つの体験なのです。

4月22日

生かす力

生き続けるのがつらい
と思うほど苦しいときでさえ、
心臓はわたしたちを生かそうとして
動き続けています。
苦しいときは胸に手を当て、
心臓の鼓動を感じてみましょう。
わたしたちの意思を越えて、
わたしたちを生かそうとするものの
力を感じるはずです。

4月23日

生かされている

自分の力で生きているのではなく、
命の力によって
生かされているわたしたち。
「何のために生きているのか」
と自分に問いかけ、
答えが見つからないときは、
「何のために生かされているのか」
と命に問いかけましょう。
命には、必ず答えがあります。

4月24日

愛を注ぐ

生まれながらの悪人はいません。
注がれるべき愛が注がれず、
心に虚しさが広がるとき、
そこに悪が入り込むのです。
わたしたちが互いに愛しあうこと。
どんなに時間がかかっても、
それだけが、
世界に平和を実現するための道です。

4月25日

最後に残るもの

持っていたものや、
長年の習慣、行動の自由などが
次々と奪われてゆく中で、
最後に残るのはその人の人間性。
どんな状況も前向きに受け止め、
その中に喜びを見つけられる人は、
どんな状況に置かれても
幸せでいられるでしょう。

4月26日

成長の証《あかし》

成長とは、これまで
見えていなかったものが、
見えるようになるということ。
理不尽に思える苦しみでさえ、
乗り越えたとき、
「あの苦しみにも、確かに意味があった」
と思えるようになるのは、
苦しみの中で成長したからなのです。

4月27日

本当の勇気

どれほどの困難に直面しても、
最後まで希望を捨てずに生き続ける。
それ以上に勇敢な行動はありません。
本当の勇気は、苦しみのない
未知の場所に踏み出すことより、
苦しみの中でこの場所に
踏みとどまることにあるのです。

4月28日

利口さと賢さ

誰かと出会ったとき、利口な人は
「この人をどう利用できるか」
と考えますが、賢い人は
「この人はわたしに
何を求めているのか」と考えます。
利口な人は自分の優秀さを誇りますが、
賢い人はすべての人の中に
自分より優れた点を見つけ出します。

4月29日

頑張りを支える

頑張らなければ
生活できない状況にある人に、
「頑張らなくていいよ」
と声をかけても意味がありません。
その人の頑張りをしっかり支えること。
ほんのひと時でも、
その人が安らげる場所になること。
それが、わたしたちにできるすべてです。

4月30日

5月

5月1日

そばにある幸せ

庭の手入れや鳥の世話、
豆から挽いた一杯のコーヒー。
幸せは、わたしたちの身の回りの、
ささやかなことの中に隠れています。
大きな幸せを探しに、
出かけてゆく必要はありません。
すぐそばにある幸せを見つけましょう。

幸せの感受性

家族や仲間の思いやりに
気づいて感謝する心があれば、
道端に咲く花や木々の美しさに
気づいて感動する心があれば、
わたしたちはいつでも幸せになれます。
幸せは、手に入れるものではなく、
むしろ感じとるもの。
「幸せの感受性」を磨きましょう。

5月2日

5月3日

人は裁けない

誰かが悪いことをしたかどうかは、
証拠を集めて判断できます。
ですが、その人が悪人かどうかは、
誰にも判断できません。
人間の心を隅々まで知り尽くすことは、
誰にもできないからです。
罪は裁けても、
人を裁くことはできないのです。

時を刻む

森の木々は、
一年ごとに年輪を増やしてゆきます。
子どもの体は、一日ごとに成長し、
大きくなってゆきます。
時間は、流れ去るものではなく、
刻まれてゆくもの。
わたしたちの心も、
日ごとに時を刻み込み、
日ごとに豊かになってゆくのです。

5月4日

相手の時間

人間の時間を忘れ、
鳥たちの時間に入り込まないと、
鳥たちの素顔を見られません。
大人の時間を忘れ、
子どもたちの時間に入り込まないと、
子どもたちの素顔を見られません。
相手を知りたいなら、
相手の時間に飛び込みましょう。

5月5日

心のゆとり

相手をあるがままに受け入れたいなら、
あるがままの相手が
すっぽり入るだけのゆとりを、
心に作る必要があります。
相手をあるがままに受け入れたいなら、
「こうでなければならない」という
思い込みを取り払い、
心にゆとりを作りましょう。

5月6日

5月7日

心の膿《うみ》

口からこぼれ出す悪意に満ちた言葉は、
その人の心の傷口から流れ出す膿。
悪口が多ければ多いほど、
その人の心の傷は大きい。
そう考えるとき、
悪口を言う人へのいたわりが生まれます。
腹が立つより、
かわいそうだと思えるようになるのです。

誠実に向かいあう

完璧な親である必要はありません。
大切なのは、
子どもと誠実に向かいあうこと。
「いろいろ失敗はするけれど、
お母さん、お父さんはわたしを
誰よりも大切に思っていてくれる」
と感じれば、
子どもは必ずゆるしてくれます。

5月8日

あなたが幸せなら

「わたしがこんなに
あなたのことを思っているのだから、
あなたもわたしの
期待通りに行動すべきだ」
というのは、愛ではなくてエゴイズム。
「わたしの期待通りでなくても、
あなたが幸せになれるならそれでいい」
というのが本当の愛です。

5月9日

真の平等

三人の子どもを平等に愛するために、
一人に三三パーセントずつ
愛を注ごうとすると、三人とも
「自分は愛されていない」と感じます。
どの子にも百パーセントの愛で向かいあえば、
三人とも「自分が一番愛されている」
と感じるでしょう。
それこそが真の平等です。

5月10日

整理整頓

思った通りにならないことばかりで
ストレスがたまったときは、
思った通りになることを
増やしましょう。
例えば、部屋を整理整頓すれば、
思った通り物を取り出せるようになります。
心を整理整頓すれば、
いら立ちを取り除くこともできるでしょう。

5月11日

働くことの意味

「生きてゆくためには、
働いて衣食住を
確保しなければならない」
働くことの理由は、
それで十分なのかもしれません。
ですが、もし生きてゆくこと自体に
意味を見つけられたなら、
日々の労働はさらに意味深く、
楽しいものになるでしょう。

5月12日

信じて待つ

「何があっても、母さんは
あなたがやさしくて素直な
○○ちゃんだと分かってるよ。
早く元のあなたに戻ってね」
その一言が自分を変えたと、
元受刑者の方が言っておられました。
信じて待っていてくれる人が
一人でもいれば、
人間は変われるのです。

5月13日

愛されているから

「これほどわたしを愛してくれる人を、
二度と悲しませたくない」
と心の底から思うとき、
わたしたちは生まれ変わります。
厳しい罰だけで、
人間を変えることはできません。
愛の中から生まれてきた人間は、
愛の中でこそ生まれ変わるのです。

5月14日

幸せの記憶術

嫌な言葉はすぐ忘れるが、
励ましや感謝の言葉は忘れない。
何かしてあげたことはすぐ忘れるが、
してもらったことは忘れない。
自分の苦しみは忘れても、
相手の苦しみは決して忘れない。
それが、幸せに生きるための記憶術です。

5月15日

自分の一番

たとえ競争で負けても、
心配する必要はありません。
大切なのは、勝ち負けではなく、
どれだけ頑張ったか。
「結果は出せなかったけど、
自分なりに精いっぱいやって、
これまでに一番頑張った」
そう思えたなら、
その人こそが一番なのです。

5月16日

5月17日

全体を変える

社会全体のゆがみが、
ある人たちを押しつぶしているなら、
社会全体を変える必要があります。
家族全体のゆがみが、
家族の一人を押しつぶしているなら、
家族全体を変える必要があります。
押しつぶされた人のせいにして、
済むことではありません。

憎しみの絆

愛には人を結びつける力がありますが、
憎しみにも同じように
人を結びつける力があります。
誰かを憎むと、
愛する人のことで
頭がいっぱいになるのと同じように、
憎い人のことで
頭がいっぱいになってしまうのです。
憎しみが結ぶ絆に気をつけましょう。

5月18日

言葉のリズム

頭で理解させるためなら、
ただ言葉を並べるだけでよいでしょう。
ですが、相手の心に響かせるためには、
言葉にリズムが必要です。
心を震わす喜びや感動、
湧き上がる魂のリズムに乗せ、
心に響く言葉を語れますように。

5月19日

ここが出発点

前だけを見て進むなら、
いつだって、
いま立っている場所が出発点。
できなくなったことにしがみつかず、
いまできることから始めましょう。
もう変えられないことではなく、
まだ変えられることに
全力を注ぎましょう。

5月20日

時間のプレゼント

「時は金なり」と言うほど、
わたしたちにとって大切な時間。
その時間を、
誰かのために惜しみなく使うなら、
それはどんな品物より
ずっと価値のあるプレゼント。
誰かの話を聞くために、
誰かと一緒に過ごすために、
惜しみなく時間を使いましょう。

5月21日

幸いな苦しみ

心の苦しみを取り去る最良の薬は、
誰かがその苦しみを
受け止めてくれること。
「この人はわたしの苦しさを理解し、
わたしを助けたいと願っている」
そう感じた瞬間、苦しみは
相手と自分を結びつける絆となり、
幸いな苦しみに変わります。

5月22日

5月23日

心に寄り添う

人間の心は、理屈通りに動かないもの。
「それは理屈に合わない」と指摘すれば、
相手は本心を話すのをやめ、
頭で考えたことを話し始めるでしょう。
相手の心に寄り添いたいなら、
理屈はいったん脇に置き、
相手の話をそのまま受け入れましょう。

半分に聞く

ストレスがたまっているときは、
言葉が過激になりがち。
「好みじゃない」が「大嫌い」になり、
「あんなものない方がまし」
とエスカレートするのです。
そんなときは、
相手の言葉を半分にして聞きましょう。
言葉の半分はストレスなのです。

5月24日

5月25日

正しい問い

人生には、

「なぜこうなったのか」

と考えても答えの出ないことばかり。

どんなに考えても分からないときは、
問いを“Why”から
“How”に変えましょう。

「どうしたら状況を少しでもよくできるか」

と考えれば、答えは必ず見つかります。

ゆったりと堂々と

人から何を言われるか、
いちいち気にして
おびえていては、
自分らしく生きられません。
海原を泳ぐ鯨のようにゆったりと、
草原を歩む象のように堂々と、
自分の道をゆきましょう。

5月26日

向き不向き

スポーツカーは、
速く走るにはよくても、
街中での買い物には不便。
軽自動車は、速く走るのは苦手でも、
街中の買い物に力を発揮します。
人間もそれと同じ。
優劣の差ではありません。
誰しも、向いていることと、
向いていないことがあるのです。

5月27日

本当の強さ

「恥ずかしい」とか
「逆に怒られたらどうしよう」
「面倒に巻き込まれたら困る」
そんな気持ちに打ち克って、
助けの手を差し伸べられる人こそ、
本当に強い人。
本当の強さとは、
自分の弱さに克って、
相手にやさしくするための力なのです。

5月28日

言葉のかけ方

誰かにボールを投げるとき、
力が強すぎたり、方向がずれていたり、
タイミングが悪かったりすれば、
相手はボールを受け取れません。
言葉を投げかけるときもそれと同じ。
受け取ってほしいなら、
どうしたら相手が受け取れるか、
よく考えてから言葉をかけましょう。

5月29日

不安の正体

漠然とした不安は、
どんどん大きく成長し、
心をむしばんでゆきます。
心に不安が生まれたときは、
その原因を突き止めましょう。
自分は何を恐れているのか、
不安の正体を確かめられれば、
それだけでも心が軽くなるはずです。

5月30日

ののしりも祈り

本当に追いつめられたときには、
「神さま、なぜわたしを
こんな目にあわせるのですか」
と神さまをののしるのも一つの祈り。
大切なのは、
一人ぼっちで苦しまないこと。
たとえののしりによってでも、
神さまとつながっていれば、
道は必ず示されるでしょう。

5月31日

6月

6月1日

希望の誕生

「この人と一緒なら、きっと幸せになれる」
そう信じられる人と出会うとき、
わたしたちの心に希望が生まれます。
希望は、一人で見つけるものではなく、
誰かと一緒につかむもの。
誰かを心から愛したとき、
わたしたちの心に希望が生まれるのです。

生まれ変わる

「過去にあんなことがあったから、
わたしはもうだめだ」
と思えば、過去に縛られてしまいます。
「たとえ失敗しても、
人間は何度でも生まれ変われる」
と信じ、いまの自分を変えるなら、
思い出したくない過去でさえ、
未来に向かうための
一つのステップになるでしょう。

6月2日

6月3日

言葉の矢

誰かが放った一言が、
心に刺さって抜けないときは、
どこに刺さっているのか確かめましょう。
もしその言葉が、
高すぎるプライドに突き刺さったのなら、
抜くのは簡単。
自分の弱さを素直に認め、
プライドごと捨ててしまえばよいのです。

賢さと素直さ

自分の間違いに気づける賢さと、
自分の間違いを認められる素直さ。
相手の気持ちを思いやる賢さと、
相手の善意を信じる素直さ。
与えられた恵みに気づく賢さと、
それに感謝する素直さ。
賢さと素直さを兼ね備えた人こそ、
誰からも愛される人です。

6月4日

愛を失えば

言葉で誰かを傷つけるとき、
わたしたちの心は愛を失います。
愛を失った心は、不安や恐れに満たされ、
苦しみにさいなまれるでしょう。
誰かを傷つけるのは、
自分自身を傷つけるのと同じ。
愛を失ってしまえば、
誰も幸せには生きられないのです。

6月5日

いま伝える

「あれが最後の別れと分かっていたら」
という後悔ほど、
つらいものはありません。
一回一回の出会いを、
悔いが残らないほど大切にしましょう。
謝るべきことはいま謝り、
感謝すべきことはいま感謝し、
伝えたい愛はいま伝えられますように。

6月6日

6月7日

してもらったこと

疲れがたまると、
してもらったことより、
してもらえなかったことの方が
大きく見えてきます。
相手をいたわるゆとりを失い、
「わたしはこんなにしてあげたのに」
と思い始めるのです。
してもらったことへの
感謝を忘れないようにしましょう。

愛を育てる

愛するとは、相手のすべてを、
あるがままに受け入れるということ。
初めから相手のすべてを
知り尽くすことはできないので、
わたしたちは一生かけて
少しずつ相手を知り、
愛を育ててゆくことになります。
愛するとは、
愛を育ててゆくという決意なのです。

6月8日

6月9日

限界を知る

「そんなことくらい一人でもできる」
というのは本当かもしれません。
ですが、手伝ってもらえば、
もっとよくできるかもしれません。
自分の限界を知っている人、
素直に手伝ってもらえる人が、
結果として
一番大きな実りをもたらすのです。

我慢を捧げる

愛の基本は、近くにいて寄り添うこと。
ですが、ときには
離れて見守る以外ないこともあります。
会いたい気持ちをじっと我慢し、
その我慢を相手のために捧げる。
相手の孤独と苦しみを、
離れた場所から一緒に担う。
それも尊い愛のかたちです。

6月10日

6月11日

身を低くする

相手と同じ目線に降りなければ、
苦しみに寄り添うことはできません。
自分の弱さや限界を知って
身を低くすればするほど、
寄り添える人の数は増えます。
最も低いところまで降りる人は、
すべての人の苦しみに
寄り添うことができるでしょう。

正義の実現

愛とは、相手の苦しみを
自分自身の苦しみのように感じ、
その人のために
何かせずにいられなくなること。
すべての人を不当な苦しみから
解放するのが正義なら、
正義の実現とは、すべての人を
愛することだと言ってよいでしょう。

6月12日

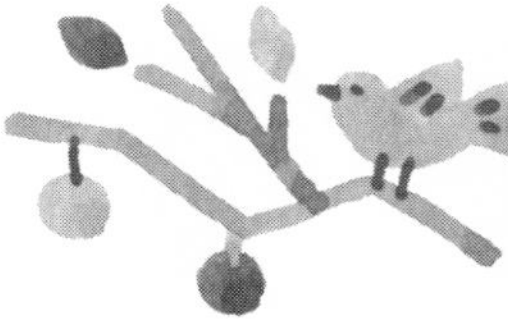

6月13日

誰にも悩みはある

仕事、子育て、友人とのつきあいなど、
生きてゆくのに必要なことは
たくさんありますが、
すべてうまくできる人は
ほとんどいません。
悩み事はあって当たり前。
うまくいっているように見える人には、
自分とは違う悩みがあると
考えたらよいでしょう。

始めるべきとき

「もっと早く始めればよかった」
と嘆く必要はありません。むしろ、
「これまでのすべては準備だった。
いま、ようやく
始めるための準備が整ったのだ」
と考えましょう。
早すぎも、遅すぎもしません。
気づいたいまこそが、
始めるべきときなのです。

6月14日

生んでもらった

「生まれる」の反対は、
「死ぬ」ではなく、
「生まれない」ではないか
と助産師さんが言っておられました。
さまざまな危険を乗り越えて、
無事に生まれてきた、生んでもらった。
そのこと自体が、
感謝すべき大きな恵みなのです。

6月15日

誠実な対応

苦手な人と話すとき、
「困ったな」と思いながら対応すると、
かえってトラブルが起きやすくなります。
意識せず、誠実に対応すれば、
思っていたほどのことにはなりません。
誰に対しても、先入観を持たず、
誠実に向かいあえますように。

6月16日

心の広さ

雑草を抜くと、庭が思っていたより
ずっと広かったことに気づきます。
わたしたちの心もきっと同じ。
不安や恐れ、嫉妬、憎しみなどの雑草を
一つ一つ取り除いてゆけば、
自分の心が、思っていたより
ずっと広いことに気づくでしょう。

6月17日

まず受け入れる

否定から始めては、
何も変えることができません。
「まだわたしが知らない事情があるのだろう」
と思って、まずは相手を受け入れましょう。
相手をあるがままに
受け入れることができたなら、
そのとき、相手の心は変わり始めます。

6月18日

傲慢の正体

自慢話をしたり、
人を見下したりするのは、
自信があるときではなく、
むしろ、そうしなければ
自分に自信を持てないほど
追いつめられたとき。
傲慢は、自信のなさの裏返しなのです。
誰もが尊い命であることに気づき、
謙虚に生きられますように。

6月19日

普通で十分

大きなストレスが
のしかかっているときは、
普通に暮らすだけでも疲れます。
そんなときには、
周りの人を思いやりながら、
普通に暮らすだけで十分に立派。
何か特別なことをしようと、
あせる必要はありません。

6月20日

自分を理解する

自分自身でさえ、自分の気持ちが
よく分かっていないのに、
相手に向かって
「わたしを分かってくれない」
と責めるのは無理なこと。
まずは、自分の気持ちを
自分で理解しましょう。
相手に伝えるのはそれからです。

6月21日

頑張りどころ

頑張っても仕方がないところで
頑張ってしまうと、
自分自身も消耗するし、
周りの人にも迷惑をかけます。
大切なのは、
頑張りどころを見極める目。
譲ってもよいところは人に譲り、
どうしても
譲れないところでだけ頑張りましょう。

6月22日

一つの命として

すべての人から拒絶され、
社会の片隅に追いやられたとしても、
自然はわたしたちを
いつでも迎え入れてくれます。
草花や木々、鳥や動物たちと同じ
一つの命として、
自然の仲間に加わりましょう。
大きな命のつながりの中で、
傷は静かに癒されてゆくでしょう。

6月23日

満ちてゆく時間

「時間ばかりが過ぎてゆく」と、
あせる必要はありません。
時間は、ただ過ぎ去るものではなく、
心に恵みを残してゆくもの。
充分に時がたち、
心が恵みで満たされたなら、
必ず変われるときが来る。
そう信じて、
一日一日を積み重ねてゆきましょう。

6月24日

対処する力

どんなに準備しても、
トラブルは必ず起こります。
大切なのは、絶対にトラブルが
起きないようにすることより、
起こったトラブルに
対処する力を身に着けること。
落ち着いてあらゆる可能性を探れば、
乗り越えられないトラブルはありません。

6月25日

人間は成長する

人間は、日ごとに成長し、
変化してゆきます。
「この人のことはよく知っている」
と思っても、今日出会うその人は、
もう昨日までのその人ではないのです。
相手に対しても、自分自身に対しても、
日々、謙虚な心で
向かいあうことができますように。

6月26日

6月27日

無言のメッセージ

話を聞いている途中で時計を見れば、

「あなたの話より大切なことがこの後ある」

というメッセージ。

スマホをいじれば
「あなたより大切な人がスマホの向こうにいる」

というメッセージ。

「あなたが一番大切だ」と伝えたいなら、
目の前の相手だけに集中しましょう。

自分との対話

一人ぼっちでさびしいときは、
自分の心と対話しましょう。
わたしは何を恐れているのか、
いま本当にしたいことは何なのか、
自分の心に問いかけ、
自分を深く知ってゆく。
そんな対話が始まれば、
一人でもまったくさびしくありません。

6月28日

どこへゆくのか

みんなが駆けてゆく方へ、
遅れまいと必死に駆けてゆく。
仕事に追い立てられ、
無我夢中で走り続ける。
そんな毎日では、
どこにたどり着くか分かりません。
自分はどこから来て、
どこへゆこうとしているのか。
立ち止まって確認する時間を持ちましょう。

6月29日

新しい使命

過去の失敗を、
いつまでも引きずる必要はありません。
新しい使命が与えられたなら、
それは過去の失敗が
ゆるされたということ。
新たな使命に精いっぱい取り組むことで、
ゆるしてもらった恩を返しましょう。

6月30日

7月

7月1日

自分との関係

自分を嫌い、責め続けていれば、
自分だけと一緒に過ごす時間、
一人でいる時間は
耐え難いものになるでしょう。
対人関係はまず
自分自身との関係を作ることから。
思った通りに
生きられない自分を受け入れ、
愛することができますように。

思いを整える

雑草を抜いていると、ときどき
「こんなことをして何になるのか」
という思いが芽生えてきます。
その思いを引き抜きましょう。
皿洗いをしていると、ときどき
「なぜわたしが
洗わなければならないんだ」
という思いが湧いてきます。
その思いを洗い流しましょう。

7月2日

小さな矛盾

「○○なんてどうでもいい」
という言葉には、
小さな矛盾が隠れています。
本当にどうでもよいなら、そんな言葉を
口にする必要はなかったのです。
「どうでもいい」と、
なぜ言う必要があったのか。
その理由を、察してあげられますように。

7月3日

不完全な物差し

学校の成績、足の速さ、
絵のうまさ、声のよさなど、
人間を測る物差しはたくさんあります。
どの物差しで測るにしても、
それはたくさんある物差しの中の一つ。
人間の価値がそれだけで決まるような、
完全な物差しなどありません。

7月4日

ゆるせますように

どんなにゆるそうと思っても、
相手から受けた心の傷が癒えるまで、
すっかりゆるすことはできません。
自分には相手を
ゆるす力がないと素直に認め、
「心の傷を癒やしてください。
いつかゆるせますように」
と祈りましょう。

7月5日

二つの極端

心を閉ざして
誰の忠告も聞けなくなるのは、
自分は絶対に正しいと
思い込んでしまったときと、
自分はもうだめだと
思い込んでしまったとき。
思い上がりとあきらめの両極端を避け、
いつも開かれた心で
生きてゆくことができますように。

7月6日

あると信じる

幸せになるために必要なもの、
愛情、信頼、人生の意味などは、
どれも目に見えません。
目で見ることも、手で触れることも
できないものが「ある」というなら、
それは「あると信じる」ということ。
幸せになるには、信じる力が必要なのです。

7月7日

存在の意味

自分の苦しみに
誰も関心を持ってくれないとき、
わたしたちは自分の存在を
否定されたと感じ、生きる希望を失います。
自分の苦しみに
関心を持ってくれる人がいるからこそ、
自分の存在に意味を感じ、
苦しみを乗り越えられるのです。

7月8日

7月9日

昔の傷

かつて自分を傷つけた誰かへの憎しみが、
身近にいる似たような立場の人に向かって
噴き出すことがあります。
「特に理由はないのに、なぜか腹が立つ」
そんな相手がいるなら、
心に何か、昔の傷が残っていないか
確かめてみましょう。

愛の不思議

誰かからの愛で心が満たされるとき、
わたしたちは同時に、
大きな愛に包まれていると感じます。
相手を内側から満たすと同時に、
外側からやさしく包み込む。
愛には、そんな
不思議な性質があります。

7月10日

命を敬う

謙遜とは、自分を
おとしめることではありません。
謙遜とは、むしろ自分の
命の尊さに気づき、命に感謝すること。
相手の命にも
同じように価値があることを知り、
相手を心から敬うこと。
謙遜は、命の尊さに
気づくことから始まるのです。

7月11日

取り出せる

どんなにたくさん持っていても、
必要なとき取り出せないなら、
持っていないのと同じこと。
必要なとき取り出せる物を、
たくさん持っている人こそ
本当に豊かな人、
必要なとき取り出せる知識を、
たくさん持っている人こそ
本当に賢い人です。

7月12日

距離の違い

少し離れたところにいる人には
耐えられることも、
いつも近くにいる人には
耐え難い場合があります。
耐えられる人が優れていて、
耐えられない人が劣っている
ということではありません。
それは単に、距離が違うだけなのです。

7月13日

自分の道

根拠のない噂話を、
気にする必要はありません。
信じた道をまっすぐ歩いているなら、
分かってくれる人は必ずいます。
むしろ、気をつけなければならないのは、
噂話に反論するために、
自分の道から外れてしまうことです。

7月14日

体に感謝する

病気になると、自分の体でさえ
思い通りに動かなくなります。
そんなときは、
「わたしとしたことが、
なぜこんなこともできないのだ」と
いら立って自分を責めるのではなく、
むしろ体がこれまで思い通り
動いてくれたことに感謝しましょう。

7月15日

乗り越える力

「自分は大切な人間なんだ」と信じて、
苦しみを乗り越えられるのは、
いつか誰かがわたしたちを
大切にしてくれたから。
苦しみを乗り越える力を与えてくれた
その人たちに感謝しながら、
わたしたちも誰かを
大切にすることができますように。

7月16日

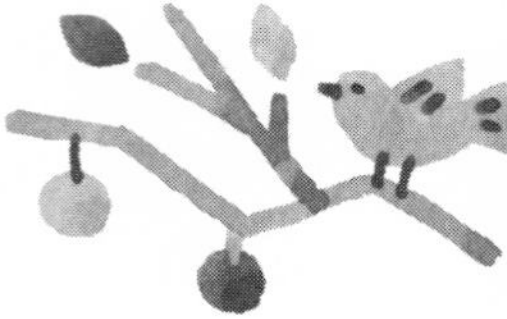

負の連鎖を断つ

してはいけないと
分かっていることをしてしまったとき、
心にやましさが生まれます。
やましさは苦悩を生み、
苦悩は生活の乱れを引き起こし、
生活の乱れは体の病をもたらします。
負の連鎖を断ち切るため、
誘惑に打ち克つ勇気を持てますように。

7月17日

一人ではない

孤立するのを恐れ、
周りに合わせるばかりでは、
自分らしさを失ってしまいます。
「たとえ孤立しても、
受け入れてくれる人は他に必ずいる。
何があっても自分は一人ではない」
その確信の上に、
健全な人間関係を築けますように。

7月18日

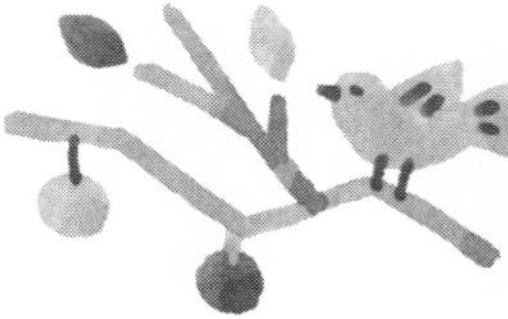

命と出会う

時間を忘れて花や鳥と向かいあう中で、
わたしたちは
花や鳥を生かしている命と出会います。
そして、自分自身も同じように、
命に生かされていることに気づくのです。
命とのつながりを取り戻すため、
自然と向かいあう時間を大切にしましょう。

7月19日

丁寧な仕事

忙しいからといって、
一つ一つのことを雑に片づければ、
疲労と虚しさしか残りません。
一つ一つを丁寧に仕上げれば、
たとえ疲れ果てても、
心は豊かに満たされます。
心をすり減らさないために、
忙しいときほど
丁寧な仕事を心がけましょう。

7月20日

現実を受け止める

傲慢な心は現実を見誤りますが、
謙虚な心はあるがままの
現実を受け止めることができます。
状況を正しく見て、
適切な判断を下すには、
自分の弱さに直面してもいら立たず、
思い通りにならない状況に腹を立てない
謙虚さが必要なのです。

7月21日

失敗はチャンス

失敗したとき大切なのは、
隠そうとしたり、
相手のせいにしたりしないこと。
むしろ、失敗を素直に認めて反省し、
相手に助言を求めましょう。
そうすれば、その失敗は、
わたしたちを成長させ、
相手との信頼関係を深める
チャンスに変わります。

7月22日

祈ることの意味

「あなたのために祈っています」

というのは、

「たとえ姿が見えなくても、
あなたを決して忘れない」ということ。

「どんなに遠く離れていても、
心は一つに結ばれている」ということ。

「あなたを本当に愛している」

ということです。

7月23日

味わう時間

服を買い集めても、着る機会がない。
本を机に積み上げても、読む時間がない。
思い出を作っても、思い出すゆとりがない。
それではあまり意味がありません。
幸せは、集めることより、
集めたものを味わう時間の中にあるのです。

7月24日

落ち度がなくても

相手が怪我しているのを知らず、
うっかり傷に触れてしまったときは、
落ち度がなかったとしても謝ります。
相手の心の傷に
触れてしまったときもそれと同じ。
もし落ち度がなかったとしても、
触れてしまったことを謝りましょう。

7月25日

希望を支えあう

「すべての命は大切なもの」
と分かっていても、ときどき
誰かから大切にしてもらわないと、
つい自分の命の大切さを
疑ってしまうわたしたち。
一人ぼっちで
希望を持ち続けることはできません。
希望を持ち続けるには、
支えてくれる仲間が必要なのです。

7月26日

愛情表現

家族や親友とのあいだでは、
ときにわがままも愛情表現。
ですが、愛しているのなら、
わがままを聞いてくれて当然
ということにはなりません。
わがままを聞いてくれる相手への
感謝を忘れてしまえば、わがままは、
ただのわがままでしかないのです。

7月27日

正しいほめ方

誰かに負けたから叱る、
勝ったからほめるというのは、
あまり教育的でありません。
できる努力を怠っているなら叱る、
精いっぱいにやっているならほめる。
それが正しいほめ方、叱り方です。
他人にも、自分自身にも、
この原則を守りましょう。

7月28日

ゆるされてこそ

誰かを批判したくなったときには、
もし周りの人たちが
同じくらい厳しい基準で自分を評価したら
どうなるか想像してみましょう。
ゆるされているからこそいまの自分がある。
そのことに気づけば、わたしたちも誰かを
ゆるせるようになるでしょう。

7月29日

否定する前に

自分に理解できないことを、
つい「くだらない」と
決めつけてしまいがちなわたしたち。
相手がしていることを否定する前に、
「何がおもしろいの」と
相手に聞いてみましょう。
これまで知らなかった世界が開け、
人生が変わるかもしれません。

7月30日

唯一の道

選んだ道が、本当に正しい道なのか。
それは誰にも分かりません。
大切なのは、
選んだ道を最後まで走り抜くこと。
最後まで精いっぱい走り抜いたなら、
そのときその道は、
自分にしか走れなかった道、
自分にとって唯一の、
正しい道になるのです。

7月31日

8 月

太陽のように

わたしたち一人ひとりの中で
太陽のように燃え上がり、
光を放っている命。
不安や恐れ、
いら立ちや怒り、憎しみによって
その光を曇らせることがありませんように。
燃え上がる命の喜びで、
互いを照らすことができますように。

8月1日

限界を認める

自分を責めてしまうのは、
「こんなことくらいできたはず」
と思っているから。
ですがそれは、自分の勝手な
思い込みにすぎません。
自分の限界を素直に認め、
精いっぱい頑張った自分を
ゆるしてあげましょう。

8月2日

もっと欲しいもの

どんなに欲しいものでも、
もっと欲しいものが見つかれば、
前ほど欲しくなくなります。
無理に執着を断つ必要はありません。
いま執着しているものより
もっと欲しいもの、
自分にとって本当に大切なものを
見つければよいのです。

8月3日

自分の人生

足を引っ張ったり、
悪口を言ったりして
他人の人生の邪魔をしているあいだ、
わたしたちは
自分の人生を生きていません。
わたしたちに与えられた
人生の時間は、ほんのわずか。
かたときも無駄にすることなく、
自分の人生を生きましょう。

8月4日

希望を捨てない

始めから完璧を求め、
その通りにならなければ
「こんなことはできない」と決めつける。
それでは、いつまでも成長がありません。
大切なのは、
「いつかできるようになったらいいな」
という思いを持ち続けること。
最後まで希望を捨てないことです。

8月5日

憎しみに勝つ

憎しみに対して
憎しみで立ち向かえば、
その瞬間に憎しみが勝利します。
憎しみはわたしたちの心を焼き尽くし、
双方を滅ぼしてしまうでしょう。
憎しみの炎を消すには、
やさしさや思いやり、忍耐によって
相手を包み込む以外にありません。

8月6日

意味が生まれる

苦しむ人、悲しむ人を放っておけない。
その人のために
何かせずにいられないと思うとき、
わたしたちを通してこの世界に
何かよいもの、美しいものが生まれます。
そのときわたしたちは、
自分が何のために生まれてきたかを知り、
人生の意味を知るのです。

8月7日

「救い」とは

してはいけないと分かっているのに、
誘惑に負けてやってしまう。
そんな人間の弱さを「原罪」と呼びます。
してはいけないことを繰り返し、
追いつめられてゆくことが「罰」。
そんなわたしたちを、
神さまは何度でもゆるしてくださる。
それが「救い」です。

8月8日

祈りは希望

祈るとは、どんなことがあっても
希望を捨てないということ。
希望を持って前に進んでゆく限り、
必ず出口は見つかります。
祈りながら、
いま自分にできることを見つけ、
いま自分がすべきことをしてゆきましょう。

8月9日

生き延びる

戦争体験のある老司祭が、
「すべて失っても、
生きていればなんとかなる。
ともかく生き延びることだ」
とアドバイスしてくれました。
追いつめられたときには、
いまの生活を守ることよりも、
まず生き延びることを
考えるべきでしょう。

8月10日

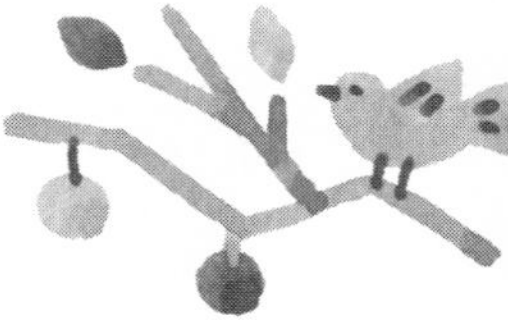

相手の下に立つ

人の上に立って
威張りたがる人ばかりだと、
踏みつけられ、
押しつぶされる人が出ます。
威張りたがるわたしたちの心が、
下に置かれた誰かを押しつぶすのです。
誰もが相手の下に立ち、
互いに奉仕する心を持てば、
押しつぶされる人はいなくなるでしょう。

8月11日

世界を変える

愛は人間を変え、
愛によって変えられた人間が
世界を変えてゆきます。
どんなに社会の制度を変えても、
それだけでは世界を変えられません。
世界を変えたいなら、
身近な人たちを
愛することから始めましょう。

8月12日

それぞれの考え方

相手が自分と違う考え方を持っても、
それは自分の考え方が否定された
ということではありません。
相手には相手の考え方があり、
自分には自分の考え方がある
というだけのこと。
互いの違いを認めあい、
互いに学んで成長できますように。

8月13日

断ち切る勇気

自分より力がある人から
受けた仕打ちへの怒りを、
自分より力がない人にぶつける。
その繰り返しによって、
怒りと憎しみが
世界にまん延してゆきます。
ぐっとこらえて
怒りの連鎖を断ち切る人こそ、
この世界に平和をつくる人です。

8月14日

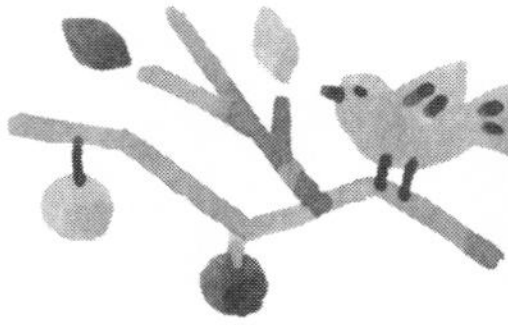

始めないこと

「戦争に勝者はない」と言います。
戦争は、始めた時点で両方とも負け。
戦争に勝つ唯一の方法は、
戦争を始めないことなのです。
暴力によって相手を従わせたい
という誘惑に打ち克ち、
平和への道を選べますように。

8月15日

光の中へ

死とは、芋虫がさなぎを通って
蝶に生まれ変わるように、
一つの命が別の形に
生まれ変わるとき通過する節目。
暗闇にのみ込まれ、すべてが
消えてしまうような死はありません。
まばゆい光に包まれ、
新しい命に生まれ変わる。
その瞬間が死なのです。

8月16日

なぜあの人が

病気のときに健康な人を見て、
「なぜわたしだけがこんな目にあうのか」
と考えたことがあるなら、
健康を取り戻したときには、
病気の人のことを思い、
「なぜあの人が
こんな目にあわなければならないのか」
と考えて涙をこぼせる人になれますように。

8月17日

新しい言葉

昨日の言葉で、
今日を語ることはできません。
今日を語ることができるのは、
新しい出会い、新しい喜び、
新しい感動の中から生まれた
新しい言葉だけ。
古い言葉に縛られず、
新しい言葉で、自由に、生き生きと、
力強く語ることができますように。

8月18日

動じない心

苦しみを耐え抜くたびに、
「なに、このくらいはだいじょうぶ」
と思える範囲が広がってゆきます。
多少のことでは、
もう動じなくなるのです。
何が起こっても動じない人がいるなら、
それは誰よりも
苦しみを味わってきた人でしょう。

8月19日

何が大切か

「忙しいから」という理由で
何かを断るとき、その背後には
「もっと大切なことが他にあるから」
という思いがあります。
それが何より大切なことであれば、
どんなに忙しくても断らないでしょう。
「忙しい」とは、
価値判断の問題でもあるのです。

8月20日

心を静める

心が不安定になっているときは、
ちょっとした刺激でも心が乱れます。
いつもは気にならないことにも腹が立ち、
感情を爆発させてしまうのです。
そんなとき、何より必要なのは、
心が安定しない原因を探し出し、
それを取り除くことです。

8月21日

違いを受け入れる

相手との違いを優劣の問題にすり替え、
自分は優れている、相手は劣っている
と考えて自分の価値を確認する。
そんな心の動きが差別を生みます。
誰もがかけがえのない命だと気づき、
違いを受け入れることができれば、
差別は消えてゆくでしょう。

8月22日

8月23日

理解できなくても

相手が大事にしているものを
踏みにじるなら、それは
相手の心を踏みにじるのと同じこと。
自分には理解できなくても、
相手が大事にしているものなら
きっと価値がある。
そう信じられる限り、
二人の関係は決して壊れません。

弱さを認めあう

相手と理解しあえないとき、
「あの人は○○障害だ、××症だ」
と決めつけても、問題の解決にはなりません。
大切なのは、レッテルを張ることではなく、
その人とともに生きてゆくということ。
互いの弱さを認めあい、
支えあうことができますように。

8月24日

ゆとりをもって

何度やってもうまくゆかないときは、

「何でこんなこともできないんだ」

と自分を責めるのではなく、

「きみにしてはよく頑張っているね」

と自分をほめてあげましょう。

自分への過度な期待を捨て、
ゆとりをもって取り組めば、
かえってうまくゆくものです。

8月25日

二段階の幸せ

幸せには、二段階あるようです。
愛に飢えている人にとっては、
誰かから無条件に愛されることが幸せ。
誰かから無条件に愛された人にとっては、
相手を裏切るようなことをせず、
相手のために尽くすことが幸せなのです。

8月26日

信じて生きる

どんな人でも、
「わたしの人生に
どんな意味があるのだろう」
という疑いが心をよぎる瞬間はあります。
それでも、意味があってほしいと願い、
きっと意味があると
信じて生きてゆくわたしたち。
生きるということは、
そのこと自体が一つの祈りなのです。

8月27日

大切にすべき人

人生の最後にお世話になるのは、
ベッドの上で
体の向きを変えてくれたり、
食事やトイレの
世話をしてくれたりする人たち。
そうだとすれば、
そのような人たちこそ最も尊敬し、
大切にするべきでしょう。

8月28日

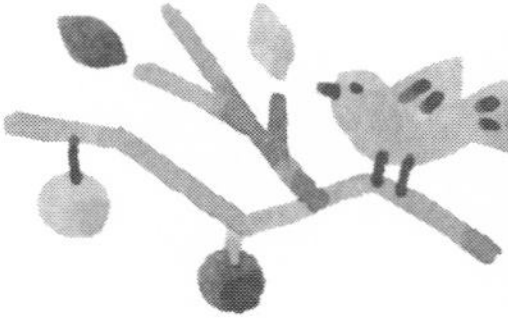

楽しさと喜び

遊園地の乗り物や、
ゲームで遊んだ楽しさは、
終わるとすぐに消えてしまいます。
家族や友だちと一緒に過ごした喜びは、
終わってもじんわり心をあたためてくれます。
楽しさは、賑やかに心を通り過ぎますが、
喜びは、静かに心を満たしてゆくのです。

8月29日

自分を見つける

「何のために生まれてきたのか。
自分はいったい何者なのか」
と考えているだけでは、
答えは決して見つかりません。
自分を忘れるほど誰かを愛するとき、
わたしたちは初めて、
何のために生まれてきたのかを知り、
自分が誰なのかに気づくのです。

8月30日

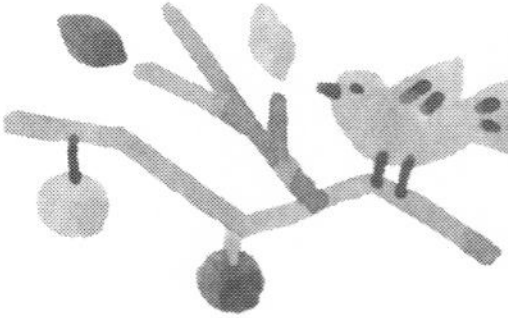

できることから

「これもやらなければ、あれもやらなければ」
と欲を出し、自分を追いつめると、
結局すべて投げ出したくなります。
そんなときは、
「まあ、こんなものだ」と現実を受け入れ、
できることから始めましょう。
できることまであきらめる必要はありません。

8月31日

9月

出会いを待つ

先のことを心配して、
絶望する必要はありません。
離れてゆく人がいれば、
声をかけてくれる人もいます。
あざける人がいれば、
手を差し伸べてくれる人もいます。
悪いことばかり考えず、
必ずやって来る出会いを、
楽しみに待ちましょう。

9月1日

先頭に立つ

先頭を走る人は、
いつでも一番強い風を受けます。
ですが、それを嫌がって
誰も先頭に立たなければ、
レースは先に進みません。
いつの世でも、時代を切り開くのは、
風当たりを恐れず、
先頭に立つ勇気を持った人なのです。

9月2日

心の揺れ

自分は優れた人間だと
思い込んで人を見下すか、
自分はだめな人間だと
思い込んで劣等感を抱くか、
二つの極端のあいだを、
行ったり来たりするわたしたちの心。
すべての命がかけがえのない命と信じ、
人との比較をやめるとき、
心の揺れは収まるでしょう。

9月3日

かけがえない存在

子どもたちが争い始めたら、
一人ひとりのよいところを
見つけてほめてあげること。
一人ひとりが特別な存在だと気づき、
競いあう必要などないと分かれば、
争いは自然にやみます。
大人の場合も同じでしょう。

9月4日

9月5日

頭を冷やす

何かショックなことがあり、
感情が高ぶっているときは、
正しい判断ができなくなります。
感情に押し流されれば、偏った、
極端な結論にたどり着きがち。
少なくとも数日は頭を冷やし、
落ち着いてから判断しましょう。

同じ高さで

みんなから見下されたと感じるとき、
逆にみんなを見下すことで
自尊心を守ろうとしがちなわたしたち。
ですが、みんなを見下すために
一人だけ高い所に登れば、
孤独の苦しみは避けられません。
同じ高さに立ち、
心を開いて話しあうのが一番です。

9月6日

質素に生きる

謙虚さからは感謝が、
感謝からは幸せが生まれます。
傲慢からは不満が、
不満からは不幸が生まれます。
思い上がった考え方や生活様式を改め、
謙虚な心で質素に生きることこそ、
幸せに続く最も確かな道なのです。

9月7日

しっかり寄り添う

「こんなにもわたしのことを
大切に思ってくれる人がいるなら、
もう一度頑張ってみよう」
そう思わずにいられなくなるほど、
相手にしっかり寄り添える人。
絶望の中にいる人に、
生きる希望を与えられる人こそ、
本当に偉大な人です。

9月8日

わたしはこう思う

自分の意見に自信がない人は、
「他の人たちも、
みんなこう言っています」
と言って説得しようとします。
本当に信頼できるのは、
「他の人は分からないけれど、
わたしはこう思います」
と話す人の言葉です。

9月9日

愛が指す方向

先がまったく見通せず、
道に迷ってしまいそうなときは、
自分の心をしっかり見つめ、
心に宿った愛が
指し示す方向に進みましょう。
やさしさや思いやりに導かれて
進んでゆく限り、間違った道に
迷い込むことはありません。

9月10日

復讐の意味

どんな憎い相手にも、
その人を愛している家族や友人がいます。
復讐を果たすとは、
誰かから大切な人を奪う、
誰かの大切な人を傷つけるということ。
どれほど正当な理由があっても、
人間らしさをどこかで捨てない限り、
復讐を果たすことはできません。

9月11日

本当の答え

他人の意見をどんなに聞いても、
自分の意見は見つかりません。
友だちに相談するのも、本を読んだり、
専門家の話を聞いたりするのも、
自分の心の奥深くに
降りてゆく入り口を探すため。
本当の答えは、わたしたちの
心の奥深くに隠れているのです。

9月12日

何を守りたいのか

自分を守ろうとするのは人間の本能。
相手が自分を脅かすような行動をとれば、
わたしたちは怒りを感じます。
怒りを感じたときは、
「自分はいま何を守ろうとしているのか」
と考えましょう。それが分かれば、
どのくらい怒ればよいかが分かります。

9月13日

なくならない幸せ

何かを手に入れることが幸せなら、
手に入れたものを失うと同時に、
その幸せもなくなるでしょう。
何かを手放すこと、
何も持たないことの中に
幸せを見つけられたなら、
その幸せは、いつまでも
なくなることがありません。

9月14日

9月15日

危険な思い込み

財産や名誉を
手に入れることの最大の危険は、
「自分は、他の人より優れた人間だ」
と思い込んでしまうこと。
そう思い込んだ瞬間から、
周りの人とのあいだに
対等で真実な関係を結べなくなり、
人間にとって一番大切なものを
失ってしまうのです。

愛で結ばれる

孤独な人同士は引かれあいます。
ですが、「自分を分かってほしい」
という気持ちが強すぎて、
「なぜ、わたしの話を
聞いてくれないのか」と相手を責め、
傷つけあってしまうことも多いのです。
孤独ではなく、
愛で結ばれることができますように。

9月16日

本当に必要なもの

「歳をとると欲がなくなる」
と言いますが、正確に言えば、
歳を重ねた人は、
自分にとって本当に必要なものを
知っているということ。
欲しいものをすべて手に入れても、
幸せになれるとは限りません。
本当に必要なものを見極められますように。

9月17日

愛は死なない

「大切な人を残して先に死ねない」
と嘆く必要はありません。
死ぬことによってわたしたちは、
生きていたときよりずっと近くから
その人に寄り添い、
その人を支えることができるのです。
体が死んでも、
愛が死ぬことは決してありません。

9月18日

9月19日

命に感動する

巨大な樹木を見たとき、
その荘厳さに感動するか、それとも
「よい材木があった」と喜ぶか。
高齢者と出会うとき、生きてきた歳月の
重さに感動するか、それとも
「もうあまり役に立たない人たち」と思うか。
命に感動する心を、持ち続けられますように。

弱さをゆるす

弱さを持った誰かをゆるせないと、
自分自身の中にある
同じ弱さに気づいたとき、
自分自身もゆるせなくなります。
弱さを理由に誰かを否定するとき、
わたしたちは、同じ弱さを持った
自分自身も否定しているのです。
自分で自分を傷つけるのはやめましょう。

9月20日

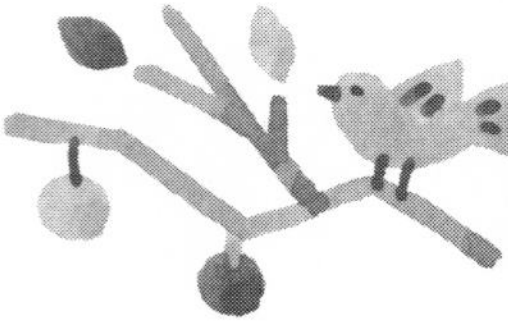

やがて自分も

高齢者を大切にしない社会では、
誰も幸せに生きられません。
なぜなら、
まだ高齢でない大人や子どもたちは、
やがて自分も大切にされなくなる
と分かっているからです。
高齢者が大切にされ、誰もが幸せに
生きられる社会を作れますように。

9月21日

最高の使命

病気や高齢で体が動かなくても、
誰かのために祈ることはできます。
自分自身の苦しみを忘れ、
愛する誰かのために祈る人の願いを、
神さまは必ず聞き届けてくださるでしょう。
それが、わたしたちに与えられる
最後の、そして最高の使命なのです。

9月22日

記憶の上書き

記憶は、時間の流れの中で
少しずつ薄れてゆくもの。
つらい過去を
「忘れなさい」と言われても、
努力して忘れられるものではありません。
むしろ、一緒に楽しい思い出を作り、
記憶を少しずつ
上書きしてゆくのがよいでしょう。

9月23日

チャンスを生かす

高齢になるにつれ、体は弱り、
人に手伝ってもらわなければ
できないことが増えてゆきます。
でもそれは、
これまで以上に謙虚になり、
人とのつながりを
深めてゆくためのチャンス。
チャンスを生かし、
ますます幸せになってゆけますように。

9月24日

小さな光

暗闇をさまよう人は、
遠くに小さな光を見つけたとき、
喜びの涙を流すでしょう。
暗闇の中で、わたしたちは
小さな光の大切さを知るのです。
小さな思いやりの
本当の価値を知っているのは、
絶望の闇の中を
さまよったことがある人だけです。

9月25日

偉大なる真理

深く学んだ人は、自分がどれだけ
無知であるかに気づいて
謙虚になります。
学んだことで自分が
偉くなったと思い込んでいる人は、
まだ十分に学んでいないのです。
偉大なる真理の前に、
頭を下げずに
いられなくなるほど学びましょう。

9月26日

探し続ける力

相手のために、答えを
見つけてあげることはできません。
わたしたちにできるのは、
本人が自分で答えを見つけられるまで
その人に寄り添うこと。
寄り添う誰かのぬくもりが、
あらゆる困難を乗り越え、
答えを探し続けるための力になるのです。

9月27日

しっかり聞く

その人の本心は、話す言葉より、
むしろ聞く態度に表れます。
口先で「愛している」と言っても、
相手の話を真剣に聞かないなら、
それは本当に
愛してはいないということ。
しっかり聞こうとするなら、
それは本当に
愛しているということなのです。

9月28日

疲れのサイン

疲れている人が
「そんなことはどうでもいい」
と言って話を遮るなら、それは
話がどうでもよいということではなく、
「自分はとても疲れている。
休ませてくれ」という意思表示。
疲れていないときに話せば、
結論はすっかり変わるでしょう。

9月29日

やさしく包む

どんなに厳しい言葉で責めても、
相手を変えることはできません。
それどころか、自分を守ろうとして、
相手はますます頑《かたく》なになるでしょう。
人間を変えられるのは、
すべてをあるがままに受け入れ、
やさしく包み込んでゆく、
愛のぬくもりだけなのです。

9月30日

10
月

待つ力

待つことができるのは、
相手への信頼のしるし。
必ず戻って来てくれる、
きっといつか分かってくれる
と信じているからこそ、
じっと待つことができるのです。
相手を信頼していない人は、
相手を待つこともできません。

10月1日

命を与える

同じ歌でも、誰が歌うかによって
印象はまったく変わります。
込められた思いや声の出し方、
全身にみなぎる気迫が、
歌に新しい命を与えるのです。
話す言葉もそれと同じ。
全身からあふれ出す思いと真心で、
言葉に命を与えられますように。

10月2日

あせらずに

心のエンジンは、燃料が一定の量まで
たまらないとかかりません。
無理をして燃料を
底まで使い切ってしまうと、
燃料が十分にたまるまで、
何もする気が
起きなくなってしまうのです。
あせらずに、心の燃料、
命の力が満ちるのを待ちましょう。

10月3日

深く結ばれたから

別れの苦しみは、
わたしたちが相手と深く結ばれたしるし。
苦しみが深ければ深いほど、
その人とのつながりも深いのです。
別れを悲しむよりも、
深く結ばれたことを喜びましょう。
本物の絆は、
いつまでも消えることがありません。

10月4日

一番の栄養

料理に込められた一番の栄養は、
作ってくれた人の愛情。
なんでも消化できる胃腸があっても、
料理に込められた愛を感じ、
吸収できる心がなければ、
一番の栄養が無駄になってしまいます。
料理を無駄にしないために、
感謝の心を育てましょう。

10月5日

心が満たされる

機械的に食べるだけでは、
おなかはいっぱいになっても、
心が満たされることはありません。
心の虚しさを
満たすために食べ続ければ、
栄養をとりすぎてしまいます。
感謝して食べれば、
おなかと一緒に心も満たされ、
ちょうどの量で満足できるでしょう。

10月6日

他の道を探す

したいことと、
実際にできることが、
いつも一致するとは限りません。
どうしてもできないときは、
「なぜ、それをしたいのか」と考え、
他にその望みを達成するための
道がないか探しましょう。
望みに到達するための道は、
一つだけではないのです。

10月7日

競争から抜け出す

「競争社会の論理」は、
誰も幸せにすることがありません。
成功した人たちは、
さらなる成功を求めて苦しみ、
成功しなかった人たちは、
自分の価値を疑って苦しむのです。
この論理から抜け出したところに、
本当の幸せがあります。

10月8日

みんなのために

自分のために能力を磨く人は、
どこかで思い上がって
成長しなくなります。
みんなのために能力を磨く人は、
みんなをもっと幸せにしたいと願って、
どこまでも成長し続けます。
自分の力を最大限に発揮できるのは、
みんなのために頑張る人なのです。

10月9日

結びあわせる

選手は同じでも、よい監督がつくと
突然チームが強くなることがあります。
それは、監督が一人ひとりの力を見極め、
最も大きな力を生むよう結びあわせたから。
大切なのは、強い選手を集めることより、
いまある力を
うまく結びあわせることなのです。

10月10日

まず自分から

傷つき倒れた人に、
「それでも、あなたの人生には意味がある」
と伝えたいなら、
まずは自分が信じること。
「どれほど弱く、傷だらけでも、
すべての命は限りなく尊い。
わたしの人生には確かに意味がある」
と信じて生きる人だけが、
そのメッセージを相手に伝えられるのです。

10月11日

使命を果たす

人間は、果たすべき使命を帯びて
この世界に生まれ、
その使命を果たし終えたとき
天国に召されてゆきます。
与えられた使命に気づき、
その使命を精いっぱいに果たすこと。
それがわたしたちの幸せです。

10月12日

正しい判断

体験したことのない困難な状況で、
初めから正しい判断を
下せる人はいません。
大切なのは、一度決めても、
うまくゆかなければすぐ修正できる
柔軟さを持つこと。
謙虚な心で間違いを認め、
正しい判断に
少しずつ近づいてゆけますように。

10月13日

成長とは

彫刻は、削られることで
完成に近づいてゆきます。
人間も、余分な
プライドを削り落とされることで
完成に近づいてゆきます。
成長とは、大きくなることではなく、
むしろ、本当に必要なものだけを残して
削り落とされることなのです。

10月14日

10月15日

まずは聞く

どんなに指導したくても、
まずは相手の言い分を聞くこと。
言い分を聞いてもらい、
「この人は
わたしの気持ちを分かってくれる」
と思えば、その人は
指導の言葉に耳を傾けるでしょう。
自分を分かってくれない人の指導に、
耳を傾ける気にはなりません。

弱さを認める強さ

他人を批判していると、
自分にも同じ弱さがあるのを忘れ、
自分は強い人間だと
思い込むことができます。
ですが本当に強い人とは、
自分の弱さを認め、
他人の弱さをいたわれる人のこと。
自分の弱さを、
直視する勇気を持てますように。

10月16日

幸せ集め

大きな幸せを見つけられないときは、
小さな幸せを集めましょう。
道端に咲く花の美しさ、
頬をなでる風のさわやかさ、
道で人とかわす挨拶のあたたかさ。
そんな小さな幸せを集めてゆけば、
幸せがいっぱい詰まった心で
一日を終えられるでしょう。

10月17日

幸せの条件

たくさんの人から感謝されても、

「そんなの当たり前」

と思っていれば幸せにはなれません。

たった一人に喜んでもらえただけでも、

「この人の役に立ててよかった」

と心の底から思えれば、
それだけで
わたしたちは幸せになれます。

10月18日

10月19日

苦しみを取り除く

人間にとって一番苦しいのは、
自分は誰からも
必要とされていないと感じること。
だとすれば、その苦しみを取り除くのに
特別な知識や能力はいりません。
やさしくほほ笑みかけること、
手を握ってあげることさえできれば、
わたしたちはその人を救えるのです。

「分からずや」

言うことを聞かない相手に
「分からずや」と言うことがありますが、
そもそも人間は、
完全に理解しあうことができません。
「分からずや」で当たり前。
完全には分かりあえないことを前提に、
分かりあえる部分が見つかるまで
じっくり話しあいましょう。

10月20日

病気だからこそ

どれほど重い病気になっても
希望を捨てず、
最後まで病気と闘い続ける人の姿は、
多くの人の心に勇気と希望を与えます。
病気だから何もできない
というわけではありません。
むしろ、病気のときにしか
できないことがあるのです。

10月21日

「いい加減」

常に完璧を求める人は、
自分を追いつめ、
周りの人たちを責めて、
居場所を失ってしまいます。
「すべて完璧にできる人などいない」
という事実を受け入れ、自分とも、
周りの人ともうまくやってゆける
「いい加減」を見つけましょう。

10月22日

感じる力

どんなに考えても、出てくるのは
幾つかの似通った結論だけ。
ですが、感じ方は千差万別。
人それぞれに違います。
深く感じれば感じるほど、
人と違うものが生まれるでしょう。
自分だけのオリジナルを作りたいなら、
感じる力を磨きましょう。

10月23日

感謝し続ける限り

肉体が死んでも、
その人が残した愛は死にません。
愛された日々の記憶を胸に刻み、
思い起こして感謝し続ける限り、
その人の愛は
わたしたちの中に生き続けるのです。
悲しみにのみ込まれそうなときは、
思い起こして
感謝することができますように。

10月24日

心に残る会話

相手が話しているあいだに、
次に自分が話すことを考えている。
そのような会話は、
分量が多くても、後に何も残りません。
相手の話をしっかり受け止め、
その上で何を話すか考える。
そのような会話は、分量は少なくとも、
心に深く刻み込まれます。

10月25日

大切な人だから

誰かから受け入れてもらえないとき、
その人が自分にとって
大切な人であるほど腹が立ちます。
つまり、腹が立つ相手であればあるほど、
その人は自分にとって大切な人なのです。
そのことに気づけば、
相手への態度は変わり始めるでしょう。

10月26日

自分をほめる

頑張ってよいことをしているのに、
誰もほめてくれる人がいないときは、
自分で自分をほめてあげましょう。
喜んでくれた人たちの顔を思い出しながら、
自分をほめてあげるときに、
心の底から湧いてくる静かな喜び。
それこそが何よりの報いです。

10月27日

謙虚な心で

未知の出来事に対しては、
恐れすぎるのも、
軽んじるのもよくありません。
「わたしはいま、
自分の理解を越える出来事に直面している」
と素直に認め、
謙虚な心で向かいあえばよいのです。
先入観を捨て、まっすぐに向かいあえば、
道は必ず見つかります。

10月28日

生きる準備

「終活」とは死を迎える準備。
でも、持ち物を
できる限り少なくして身軽になり、
感謝すべき人にその気持ちを伝え、
謝るべき人に頭を下げるなら、
これまで以上によく生きられるでしょう。
「終活」は、
生きるための準備でもあるのです。

10月29日

本当の肩書

ほとんどの肩書は、
外国に行けば通用せず、
退職すれば失われます。
どこに行っても、いつになっても
通用する肩書。
それは自分が自分であること。
やさしさや誠実さ、勇気、落ち着き、
くじけない心。そのようなものこそ、
いつまでも消えない本当の肩書なのです。

10月30日

10月31日

まだ知らない自分

「わたしはこの程度の人間」と思って、
あきらめるのは早すぎます。
わたしたちが知っているのは、
自分のほんの一部だけ。
わたしたちの中には、
まだたくさんの可能性が眠っているのです。
「自分はまだ自分のことを知らない」
という事実を、謙虚に受け止めましょう。

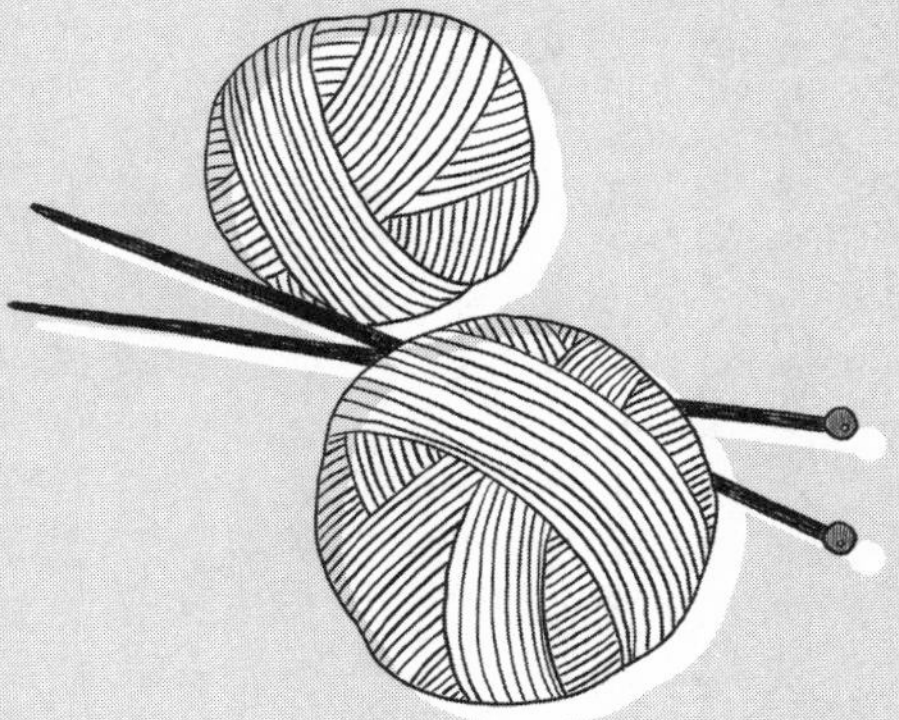

11
月

11月1日

忘れられた英雄

偉大なことを成し遂げるために
生きるのではありません。
生きること自体が偉業であり、
自分の人生を
自分なりに精いっぱい生き抜いた人は、
誰もが讃えられるべき英雄なのです。
忘れられたすべての英雄に、
心からの拍手を送りましょう。

心の奥深くに

死とは、体を通した
外部との交わりから離れ、
心の奥深くに降りてゆくような
体験なのかもしれません。
そこには、これまで大切にしてきた
すべての愛の記憶があり、
死んでいった人もみんな生きています。
何も恐れることなどないのです。

11月2日

11月3日

短い鉛筆

優れた画家は、
汚れた短い鉛筆を使ってでも、
美しい絵を描きあげます。
「自分は罪深く、取るに足りない人間だ」
と思っても、あきらめる必要はありません。
神さまは、そんなわたしたちを使ってさえ、
何か美しいものを
作り出すことができるのです。

成長に寄り添う

成長するために必要な苦しみを、
誰かが味わっているとき、
わたしたちはその苦しみを
代わってあげることができません。
わたしたちにできるのは、
「この人が苦しみを
乗り越えられますように」
と祈りながら、
その人に寄り添うことだけです。

11月4日

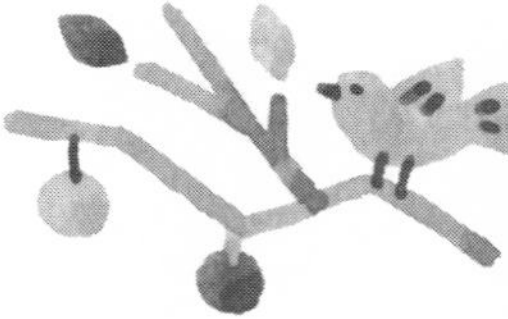

心を満たすもの

どんなに小さな恵みでも、
大きな感謝で受け取れば、
それで心は満たされます。
どんなに大きな恵みでも、
小さな感謝しかなければ、
心は決して満たされません。
心を満たすのは、恵み自体ではなく、
恵みを受け取ったとき生まれる感謝なのです。

11月5日

まずよく眠る

寝不足で判断力が鈍ると、
ささいなことが
実際よりずっと大きな問題に見えます。
何が本当に大切なことかが
分からなくなるので、
考えれば考えるほど混乱するばかり。
そんなときは、よく眠って、
頭をすっきりさせるのが一番です。

11月6日

聞くのは自分

相手を傷つける言葉は、
まず自分自身の心を傷つけます。
相手をいたわるやさしい言葉は、
まず自分自身の心をあたためます。
どんな言葉も、最初に聞くのは自分自身。
相手のためにも自分のためにも、
よい言葉を選んで話せますように。

11月7日

喉元を過ぎても

苦しいときは人に助けを求めるけれど、
調子がよくなった途端、
すべては自分の実力と
思い始めてしまいがちなわたしたち。
喉元を過ぎても感謝を忘れず、
謙虚な心で互いに支えあい、
助けあうことができますように。

11月8日

11月9日

手のぬくもり

死を取り去ることはできなくても、
死への恐怖を取り去ることはできます。
隣に座って、死にゆく人の手を
しっかり握りしめればよいのです。
手のぬくもりが伝える愛には、
死の恐怖にさえ
打ち克つほどの力が宿っている。
そのことを信じましょう。

力の意味

何か特別な力を与えられたなら、
それは、その力を使って
誰かを助ける使命を与えられたということ。
力を誇って思い上がったり、
自分の欲望を満たすためだけに
その力を使ったりすれば、
かえって身を滅ぼすでしょう。
自分の使命に気づくことができますように。

11月10日

意味のある人生

思いやりややさしさが
いっぱい詰まった人生は、
周りの人に勇気や希望、
生きる力を与えます。
そんな人生は、確かに
意味のある人生だと言えるでしょう。
地位も資格もお金もいりません。
ただ愛するだけでよいのです。

11月11日

心の栄養

どんなに愛想のよい笑顔も、
真心がこもっていないなら、
栄養のない食べ物と同じ。
相手の心を満たすことも、
生きる力を与えることもできません。
言葉や行いに込められた愛こそが、
わたしたちを生かす心の栄養なのです。

11月12日

生きた証

人生の終わりに、
「自分は誰かを本当に愛したことがあるのか。
結局、すべては自分のためではなかったのか」
という疑いが生まれたとき、
その疑いを払いのけられるほどの無私の愛、
真実の愛の体験がたった一つでもあるなら、
その体験が、
死への恐怖を乗り越えさせてくれるでしょう。

11月13日

人間の限界

こちらがどんなに頑張っても、
批判する人は必ずいます。
相手が求めているものと、
わたしたちが差し出せるものが、
いつも一致するとは限らないからです。
がっかりする必要はありません。
それは、自分の落ち度というより、
むしろ人間の限界なのです。

11月14日

時間の使い方

けんかしても、すぐ仲直りして、
一緒に遊び始める子どもたち。
嫌な気持ちでいては、
せっかくの時間が無駄になる。
楽しく遊ぶ方が、
けんかに勝つよりずっとよいと、
直感的に知っているのです。
時間の正しい使い方を、
子どもたちに学びましょう。

11月15日

自分を変える

思った通り生きられないとき、
すぐ結果が出る小手先の解決法を
求めてしまいがちなわたしたち。
ですが、本当に状況を変えたいなら、
自分自身を、時間をかけて
少しずつ変えてゆく以外ありません。
あせらずに、
小さな変化を積み重ねてゆきましょう。

11月16日

ブレずに生きる

「ブレがない」とは、
話すことと心の中で思っていることが、
いつも一致しているということ。
ごまかしのない言葉で、
力強く語れるということ。
自分にとって本当に大切なもの、
絶対ゆずれないものが何か、
はっきり分かっているということです。

11月17日

11月18日

体のストライキ

体がいつでも
自分の言うことを聞くと思ったら、
それは大きな間違い。
無理に働かせ続ければ、
そのうちストライキを起こします。
自分の体さえ
自分の思った通りにはならない。
そのことを忘れず、
謙虚な心で体とつきあってゆきましょう。

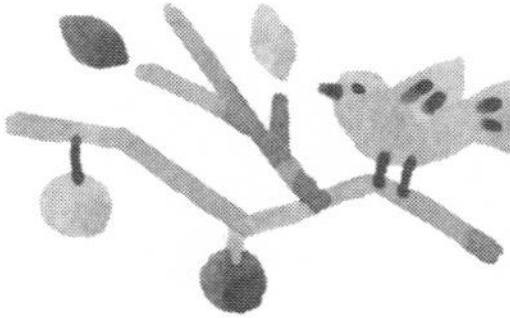

新しい夢

どうしても
手に入らないものを見て嘆くより、
もう手の中にあるものを見て
感謝しましょう。
手の中にあるものを大切に育てれば、
きっと新しい夢が芽生えるはず。
その夢は、これまでの夢より、
もっと大きく育つに違いありません。

11月19日

ゆるしの始まり

「自分は悪くないのに、
なぜゆるさなければならないのか」
と思っているうちは、
決して相手をゆるせません。
起こったことを静かに振り返り、
「もしかすると、
自分にも落ち度があったかもしれない」
と思えたなら、
そこからゆるしが始まるでしょう。

11月20日

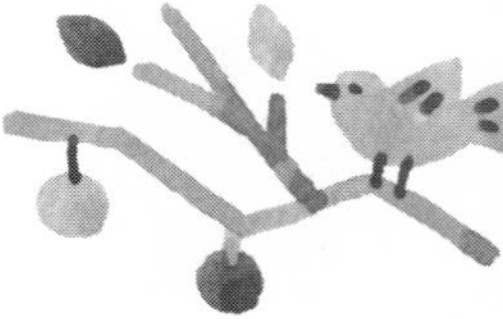

奪えない自由

自分が置かれる状況を
選ぶことはできなくても、
その状況の中で
どう行動するかは選べます。
それこそ、すべての人に与えられた
最も基本的な自由。
わたしたちが自分で放棄しない限り、
誰も人間から自由を奪うことはできません。

11月21日

いまを大切に

死を恐れてばかりいては、
せっかく与えられた命を
十分生きることができません。
死を恐れるより、
生きているいまを大切にしましょう。
いつ死んでも悔いがないというくらい、
いまを精いっぱいに生きましょう。

11月22日

11月23日

助けを求めあう

誰かを助けられるのは、
助けを求める人がいるから。
誰かの役に立てたという実感は、
わたしたちの人生に意味を与え、
生きる喜びを生み出します。
互いに助けを求めあい、
助けの手を差し伸べあうことで、
生きる喜びに満ちた世界を作りましょう。

失敗を恐れない

完璧に準備できるまで待っていたら、
いつまでも始められません。
とりあえず始めてみて、
失敗を繰り返しながら
少しずつ完成に近づいてゆく。
失敗を恐れることなく、
何度でも挑戦を繰り返す。
それが一番の近道です。

11月24日

人生を味わう

あら探しをしながら食べれば、
どんな料理もまずくなります。
よいところを見つけ、
感謝しながら食べれば、
それなりにおいしく
いただくことができるでしょう。
人生もそれと同じ。
よいところを見つけ、
感謝しながら味わえますように。

11月25日

できないこと

身近な人に不幸が起こったとき、
わたしたちはつい
「あのときこうしていれば、
あんなことにならなかったのに」
と思って自分を責めます。
できないことまで、
できたはずと思い込んでしまうのです。
無理を言って、
自分を追いつめるのはやめましょう。

11月26日

物の価値

どれほど高価な物も、
やがて飽きるか壊れるか、
いつまでも持ち続けることはありません。
子どもが描いた稚拙な絵でも、
愛がこもっているなら、
一生大切に持ち続けるでしょう。
物に価値を与えるのは、値段ではなく、
そこに込められた愛なのです。

11月27日

過去に縛られず

過去にしていたことを、
いまできる範囲でやろうと思えば、
決して過去を越えられません。
いましかできないことを見つけ、
全力で取り組めば、
過去より素晴らしいことができるでしょう。
過去に縛られず、
いましかできないことを探しましょう。

11月28日

最期まで自分らしく

最期のときが近づいたからといって
自暴自棄になり、
自分に与えられた使命を
途中で投げ出してしまうなら、
まだ生きられたはずの日々さえ
無駄にすることになります。
自分の人生を、最期まで自分らしく
生き抜くことができますように。

11月29日

あたたかい目で

自分より若い人の言動に
腹が立ったなら、
同じくらいの年齢のとき、
自分はどうだったかと考えましょう。
「自分も似たようなことを言っていた」
「もっと生意気だったかもしれない」
と気づけば、まずは受け入れ、
あたたかく見守ろうと思えるでしょう。

11月30日

12
月

12月1日

「ソリチュード」

英語では「孤独」が二種類あります。
一人ぼっちのさびしさを抱えた
「ロンリネス」と、
一人でもさびしくはない
「ソリチュード」。
一人で世界と向かいあい、
心が静かに満たされてゆく孤独、
「ソリチュード」を
学ぶことができますように。

新しい一日

「今日も、どうせまた同じ一日だ」
と思って始めれば、実際に、
何の変化もない一日になります。
「昨日と違う一日の始まりだ。
気持ちを切り替え、
できる限りのことをしてみよう」
と思って始めれば、
その日から新しい何かが始まります。

12月2日

優先順位

忙しさにのみ込まれそうなときは、
立ち止まって深呼吸してみましょう。
一度にすべてしなければ
ならないように思えたことも、
よく見れば優先順位に
違いがあるのに気づくでしょう。
順序よく、丁寧に仕上げてゆきましょう。

12月3日

純粋な思い

テロリズムが、
勝利を収めることはありません。
罪もない人が犠牲になれば、
その人の犠牲を無駄にするまいと
決意する人が必ず現れ、
意思を継いでゆくからです。
人々の幸せを願う純粋な思いを、
引き継ぐことができますように。

12月4日

12月5日

心の片づけ

家の中が散らかっていると、
大事なお客さんが来ても、
玄関先で帰ってもらうしかありません。
心の中もそれと同じ。
人に見せられないものが中にあると、
どんなに大切な人でも、
心の奥まで
招き入れられなくなってしまうのです。

愛の力

「自分には、そこまではできない」
と思っていたことが、
目の前に助けを求める人が現れたとき、
なぜかできてしまった。
そんなことがときどきあります。
心に生まれた愛の力が、
不可能と思えたことを
可能にしてくれたのです。

12月6日

12月7日

本人にとって

「そんなはずはない」と言っても、
本人が苦しいと
感じているという事実は消えません。
わたしたちが否定すれば、
「信じてもらえなかった」という理由で、
本人はさらに苦しみます。
本人が苦しいと感じている、
その事実をしっかり受け止めましょう。

内なる神秘

相手をどんなに理解しようとしても、
理解し尽くすことはできません。
相手を理解し尽くすことは
できないと気づくこと、
相手の中に自分の理解を越えた
神秘を見つけ出すことこそ、
理解しようとする努力の
最大の成果だと言ってよいでしょう。

12月8日

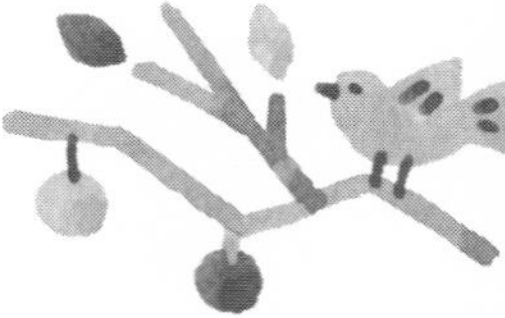

湧き上がる言葉

「この人にどんな言葉を
かけるべきだろうか」と考えていては、
相手の心に届く言葉を語れません。
「この人はいま、
どれほど苦しいだろうか」
と想像するときに、わたしたちの
心の奥底から湧き上がる言葉。
それだけが相手の心に届くのです。

12月9日

喜びの完成

何かを手に入れた喜びは、
手に入れたものを
誰かと分かちあうとき完成します。
手に入れた喜びは、
すぐに消えてしまいますが、
分かちあった喜びは、
愛の記憶となっていつまでも残るのです。
分かちあうことで、
喜びを完全なものにしましょう。

12月10日

使命に気づく

自己実現とは、自分が思い描いた通りの
自分になることではありません。
自己実現とは、
自分に与えられた使命に気づき、
本当の自分になるということ。
使命に気づくとき、
自分でさえまだ知らない本当の自分が、
わたしたちの中で目を覚まします。

12月11日

互いの幸せ

憎しみあう人たちのあいだでは、
相手の不幸が自分の幸せ。
だから、互いに足を引っ張りあって、
共倒れになるのです。
愛しあう人たちのあいだでは、
相手の幸せが自分の幸せ。
だから、互いを幸せにしようと努力し、
二人とも幸せになれるのです。

12月12日

悪魔のささやき

「ここで休んだら、
仕事が終わらなくなるぞ」
悪魔はそうささやきかけて、
人間を働き続けさせようとします。
疲れ果てさせ、
つぶしてしまおうという作戦です。
悪魔の声を振り払い、
休む勇気を持ちましょう。

12月13日

12月14日

誇るべきこと

何かを達成したことを、
誇りたくなるのは当然。
ですが、誇るなら、
誰かに勝ったことではなく、
自分が精いっぱい
頑張ったことを誇りましょう。
勝つか負けるかはめぐりあわせ。
ですが、精いっぱい頑張った自分は、
どんなときでも誇るに値します。

力を合わせる

自分の力を過大に評価したり、
相手の力を見くびったりすれば、
力を合わせることはできません。
力を合わせるためには、
自分にどんな力があり、
相手にどんな力があるのか正しく見極め、
互いのよさを認めあう必要があるのです。

12月15日

手を放す

「これだけは手放したくない」
と何かにしがみつけば、
奪われることへの不安や恐れ、
奪うかもしれない相手への
怒りや憎しみが生まれます。
それらの感情から解放されたいなら、
一番簡単な方法は、
しがみついているものから
手を放すことです。

12月16日

弱い人間同士

「かわいそうな人だから、
助けてあげる」という奉仕は、
善意の押し付けになってしまいがち。
「この人もわたしも、
お互い弱い人間同士。
放っておくわけにはいかない」
と思って奉仕するとき、
その奉仕は愛と呼ばれます。

12月17日

命の輝き

すべてのものは、
燃えるときに光を放ちます。
人間の命も例外ではありません。
与えられた使命のため、
大切な人たちのために
自分を燃やすとき、
わたしたちの命は輝くのです。

12月18日

心を配る

物は配るとなくなりますが、
心はどんなに配ってもなくなりません。
むしろ、配れば配るほど愛で満たされ、
豊かになってゆきます。
どんなに配ってもなくならないもの、
惜しみなく配ることで、
ますます豊かになるもの、
それが心です。

12月19日

自分らしく

相手の能力に驚き、
相手の方が優れていると
思い込みがちなわたしたち。
ですが、本当に大切なのは、
何ができるかではなく、
どれだけ自分らしく生きているか。
自分らしく精いっぱい生きる命のあいだに、
優劣は存在しないのです。

12月20日

自分のゴール

途中で誰かに追い越されても、
嘆く必要はありません。
そもそもわたしたちは、一人ひとり
違うゴールを目指しているからです。
大切なのは、他人を追いかけて、
自分の道から外れないこと。
自分の道を走って、
自分のゴールにたどり着くことです。

12月21日

まず確かめる

「あの人が、あなたの悪口を言っている」
と聞いたとき、
その話が本当かどうか確かめる前に、
「なぜ、あの人はわたしを
嫌いになったのだろう」
と考えてしまいがちなわたしたち。
誰かを疑う前に、まずその話が
本当なのかどうかを疑いましょう。

12月22日

12月23日

自分を超えた力

誰かが倒れていれば、
わたしたちは、駆け寄って声をかけます。
必要なら、担いで運びさえするでしょう。
「なぜ、ここまでしなければならないんだ」
などとは考えもしません。
そんなとき、わたしたちは
自分を超えた大きな力、
愛の力に動かされているのです。

プレゼントの理由

サンタのモデルは、聖ニコラウス。
聖ニコラウスがみんなにやさしくしたのは、
イエスさまと出会い、
「誰もが神さまの子ども、
かけがえのない命」と知っていたから。
イエスさまが生まれなければ、
サンタはプレゼントを
配らなかったかもしれません。

12月24日

12月25日

愛が生まれる日

家族と食卓を囲みながら、
思わず感謝の涙がこぼれたなら、
苦しんでいる友を思い出し、
その人のために何かせずに
いられない気持ちになったなら、
その日こそわたしたちのクリスマス。
わたしたちの心に愛が生まれる日、
それがクリスマスなのです。

愛は降り積もる

誰かから深く愛された思い出は、
心の奥に降り積もって、
いつまでも消えることがありません。
わたしたちの心は、
これまでに愛してくれた
すべての人たちの、
愛によって支えられているのです。

12月26日

赤ん坊に学ぶ

赤ん坊を抱き上げるとき、
わたしたちは、命の尊さ、
かけがえのなさに気づきます。
赤ん坊はわたしたちに、
生まれてきたことの意味、
生きてゆくことの素晴らしさを
教えてくれるのです。
一番大切なことを教えてくれるのは、
まだ何もできない赤ん坊なのです。

12月27日

強い心

謙虚な心は、
思った通りにならない相手でも
あるがままに受け入れ、
動じることがありません。
傲慢な心は、相手がちょっと
自分の思った通りにならないだけでも、
いら立ちや怒りにかき乱されます。
本当に強いのは、
傲慢な心ではなく謙虚な心です。

12月28日

人生の道しるべ

永遠に変わらないもの、
気高くて美しいもの、
清らかで尊いものを
目指して進んでゆく限り、
人生の道で迷子になることはありません。
見せかけの美しさや
世間の評価に惑わされず、
本当に大切なものを目指して進みましょう。

12月29日

すべては奇跡

奇跡だと思えば、
地球という星が存在することも、
その星の上で
自分がいま生きていることも、
すべては奇跡。
すべてを奇跡と思って感謝して生きるか、
当然と思って不満を言いながら生きるか。
選ぶのはわたしたち自身です。

12月30日

幸せな人生

飛び上がるほど大きな幸せは、
一生のうち何度もありません。
幸せな人とは、
何もない日々の中に喜びを見つけ、
一日一日を感謝して生きられる人。
幸せな人生とは、
大きな幸せに満たされた数日と、
小さな幸せに満たされた
無数の日々のことです。

12月31日

おわりに

　この本は、わたしが毎晩、寝る前にSNSに投稿している言葉を集めたものです。ときどき、読んで「やさしさに包まれた」「やさしい気持ちになれた」とうれしい感想を頂くこともあるので、この本の題名は『やさしさの贈り物』としました。

「誰もが待ち望んでいたメッセージ。それは、いつくしみに満ちたまなざしでわたしたちを見守ってくださる、神のやさしさに他なりません」。ローマ教皇フランシスコは、ある年のクリスマス、世界に向かってこう語りかけました。神さまの愛の中から生まれたイエス・キリストは、神さまのやさしさに他ならないのです。この本を読んだ皆さんが、神さまのやさしさに包まれ、喜びにあふれた日々を過ごすことができるよう心からお祈りしています。

《著者紹介》

片柳弘史（かたやなぎ・ひろし）

1971年埼玉県上尾市生まれ。1994年慶應義塾大学法学部法律学科卒業。1994−1995年インド・コルカタにてボランティア活動に従事。マザー・テレサから神父になるよう勧められる。1998年イエズス会入会。現在は山口県宇部市で教会の神父、幼稚園の講師、刑務所の教誨師として働く。

『世界で一番たいせつなあなたへ——マザー・テレサからの贈り物』（PHP研究所）、『ひめくりすずめ——いつもそばにいるよ！』（キリスト新聞社）など著作多数。

装丁・本文レイアウト＝後藤葉子

装画・挿絵＝今井夏子

編集協力＝伊藤尚子

やさしさの贈り物——日々に寄り添う言葉366

2020年11月30日　初版発行
2024年 2 月25日　4 版発行

著　者　片柳弘史

発行者　渡部　満

発行所　株式会社　教文館

〒104-0061　東京都中央区銀座4-5-1
電話 03(3561)5549　FAX 03(5250)5107
URL　http://www.kyobunkwan.co.jp/publishing/

印刷所　モリモト印刷株式会社

配給元　日キ販　〒162-0814　東京都新宿区新小川町9-1
電話 03(3260)5670　FAX 03(3260)5637

ISBN978-4-7642-0038-8　　Printed in Japan